AF410870

CATALOGUE MENSUEL

(Nouvelle Série N° 28)

LIBRAIRIE

DE

Théophile BELIN

29, Quai Voltaire, PARIS

SOMMAIRE

Angelo. École des armes, 1763. — *Anselme.* Histoire généalogique de la Maison de France, 1726-39, 9 vol. — Balades dans Paris, 1894. — *Barbet de Jouy.* Les Gemmes de la Couronne, 1886. — *Basan.* Cabinets Choiseul et Poullain, 1771-81. — *Béranger.* Chansons, 1821-33, 6 vol. — *Boccace.* Decameron, 1890. — *Bonnani.* Ordinum religiosum. 1722-23, 3 vol. — *Bulliard.* Herbier de France, 1780, 4 vol. — *Cahier.* Nouv. mélanges d'archéologie, 1874-77, 4 vol. — *Choiseul-Gouffier.* Voyage de la Grèce, 1782-1809, 2 vol. — *Claretie.* Le Drapeau, 1886. — *Corneille.* Théâtre, 1664, 2 vol. — Costumes parisiens, 1819-1836. — *Droz.* M. Mᵐᵉ et Bébé, 1878 (Chine). — *Duflos.* Recueil d'Estampes, 1780. — Les Évangiles, 1873. — Féminies, 1896. — *Haraucourt.* L'Effort, 1894. — Histoire des quatre fils Aymon, 1883. *Larchey.* Cahiers du capitaine Coignet, 1888. — Manuscrit persan. — *Marot.* Œuvres, 1700, 2 vol. — *Maupassant.* Contes choisis, 1892. — *Méon.* Fabliaux et Contes, 1808-1823, 6 vol. — *Molière.* Œuvres, 1734, 6 vol. — *Morel de Vindé.* Zélomir, 1801. — *Passerat.* Œuvres, 1606. — *Perelle.* Délices de Paris, 1753. — *Prévost.* Manon Lescaut, 1797. — *Racine.* Œuvres, 1687 et 1801. — *Réveil.* Musée de peinture, 1828-34, 17 vol. — Revue des Deux-Mondes, 1831-85, 351 vol. — *Richard.* L'Armée française, 1885-89, 2 vol. — *Robillard,* Musée français, 1803-09, 4 vol. *Scarron.* Roman Comique, 1888. — *Sterne.* Voyage Sentimental, 1884. — *Theuriet.* Nos Oiseaux, 1886. — Etc.

PARIS

LIBRAIRIE Théophile BELIN

29, QUAI VOLTAIRE, 29

1899

3763. Abus (De l') des nuditez de gorge (attribué à Jacques Boileau). *Bruxelles, Franç. Foppens*, 1675; in-12, cuir de Russie, dos orné, dent., tr. dor. (*Simier*)   10 fr.

Première édition.

3764. Actes des Apôtres commencés le jour des Morts, et finis (*sic*) le jour de la Purification. *Paris, l'an de la liberté 0 (1789-1791)*; 10 vol. in-8, fig., veau.   60 fr.

« Cette feuille, dit Hatin, *Hist. de la presse en France* (VIII, 11) la plus spirituelle et la plus piquante de l'époque, commença à paraître le 2 novembre 1789. » Elle eut pour rédacteurs Peltier, Rivarol, Champcenetz, Mirabeau le jeune, Bergasse, Montlosier, Lauraguais, Suleau; ce fut, selon l'expression de Lamartine, comme la Satyre Menipée du temps.

Ouvrage très rare à trouver complet. La présente collection comprend 311 numéros (les titres des tomes II et IV manquent ainsi que les introductions des mêmes volumes et les épilogues des tomes III à VI, IX et X).

Les deux derniers tomes sont reliés en basane.

3765. Admiranda rerum admirabilium encomia, sive diserta et amœna Pallas disserens seria sub. ludicra specie. *Noviomagi-Batavorum, typis Reineri Smetii*, 1676; pet. in-12, front. et fig., mar. vert, dos orné, dent., tr. dor. (*Rel. anc.*)   125 fr.

Recueil fort rare et fort curieux contenant les 8 figures en taille-douce qui ne se trouvent pas dans tous les exemplaires.

Charles Nodier, à qui ce petit volume a appartenu, a inséré au début du livre une note manuscrite dans laquelle il déclare n'avoir jamais rencontré que celui-ci, avec les illustrations et le frontispice.

3766. Alcoran (L') des Cordeliers, tant en latin qu'en françois, c'est à dire recueil des plus notables bourdes et blasphemes de ceux qui ont osé comparer Sainct François à Jesus Christ, tiré du grand livre des Conformitez, jadis composé par frère Barthelemi de Pise (par Erasme Alber). *Amsterdam*, 1734; 2 vol. in-12, fig., veau fauve, fil., tr. dor. (*Rel. anc.*)   30 fr.

Bel exemplaire orné d'un frontispice et de 21 figures de *Bernard Picart*, auquel on a joint : *Légende dorée, ou Sommaire de l'histoire des frères mendians de l'ordre de S. Dominique et de S. François.* Amst., 1734.

3767. Alcoran (L') des Cordeliers, tant en latin qu'en français, ou recueil des plus notables bourdes et blasphèmes imprudents de ceux qui ont osé comparer S. François à Jésus-Christ, tiré (par Erasme Albère) du grand livre des conformités, jadis composé (en latin) par frère Barthélemy de Pise, cordelier en son vivant (et trad. en françois par Conrad Badius). Nouvelle édition ornée de figures de B. Picard. *Amsterdam*, 1734; 2 vol. in-12, front., br.   10 fr.

3768. Allom et **Pelle**, L'Empire Chinois, illustré d'après des dessins pris sur les lieux par Thomas Allom. Avec les descriptions des mœurs, des coutumes, de l'architecture, de l'industrie et du peuple chinois par Clément Pelle. *Londres, Fisher, s. d.*; 4 tomes en 2 vol. in-4, veau fauve, dos orné, *non rognés* (*Foucart*)   35 fr.

Nombreuses gravures sur acier.

3769. Almanach. Hommage aux dames. *Paris, Janet*, 1813; pet. in-12, veau.   3 fr.

6 jolies petites figures gravées par *Duplessi-Bertaux*. Taches.

3770. Almanach. Le Mérite des Demoiselles. — Mlle de Lafayette. — Mme Deshoulières. *Paris, Le Fuel et Janet, s. d.*; in-24, demi-rel. veau.   5 fr.

Les 2 premiers ouvrages sont ornés chacun de 6 et le dernier de 4 figures gravées en taille-douce.

3771. Almanach (Petit) des Dames. Seconde année. *Paris, Rosa*, 1812; in-12, titre gravé, br.   2 fr.

3772. Almanach des Aristocrates ou chronologie épigrammatique des apôtres de l'Assemblée nationale. *A Rome, l'an III de la Barnavocratie (Paris*, 1791); in-12, fig., bas.   4 fr.

3773. Almanach des Emigrans. Quatrième édition. *A Coblentz, de l'imprimerie des princes*, 1792; in-12, front., cart.   10 fr.

Très rare.

3774. Almanach des gens d'esprit, par un homme qui n'est pas sot, calendrier pour l'année 1762 et le reste de la vie, publié par l'auteur du Colporteur (François-Antoine Chevrier). *Toujours à Londres, chez l'éternel M. Jean Nourse*, 1762; in-12, cart., éb.   5 fr.

Achat de Bibliothèques

3775. Almanach des Gens de bien pour l'année 1797 (Par Ventre de Latouloubre). *Paris, Marchands de nouveautés;* in-12, front., bas. 8 fr.

On y trouve la liste des conventionnels qui prirent part au procès de Louis XVI, avec la mention de leur vote motivé.

3776. Almanach des Monnoies, année 1787. *Paris, Méquignon;* in-12, front., veau. 10 fr.

11 planches en taille-douce de monnaies et de poinçons de communautés d'orfèvres.

3777. Almanach impérial pour l'année 1813, présenté à S. M. l'Empereur et Roi. *Paris, Testu,* 1813; in-8, veau marbré, dos orné, dent., tr. dor. 25 fr.

Exemplaire aux armoiries peintes d'un Conseiller d'état du I⁽ᵉʳ⁾ Empire.

3778. Les Amours de Mirtil. *Constantinople (Paris),* 1761; in-8, veau. 12 fr.

Titre dessiné et gravé par *Legrand* et 6 charmantes figures de *Gravelot,* gravées par *Legrand.*
Ouvrage attribué à Fontenelle.

3779. Ananga - Ranga. Traité Hindou de l'amour conjugal, rédigé en sanscrit par l'archi-poète Kalyana Malla (XVIᵉ siècle), traduit sur la première version anglaise (Cosmopoli, 1885), par Isidore Liseux. *Paris, Liseux,* 1886; in-8, *broché.* 25 fr.

PAPIER DE HOLLANDE tiré à 300 exemplaires numérotés.
Cet ouvrage ne fait pas double emploi avec les *Kama Sutra* de Vatsyayana, publiés en 1885. Composé au XVIᵉ ou peut-être au XVᵉ siècle, par conséquent beaucoup plus moderne, puisque les *Kama Sutra* remontent au Vᵉ siècle, il nous fait voir les mœurs et la civilisation des Hindous sous un jour assez différent. C'est un document précieux qui vient s'ajouter aux traités érotologiques de Forberg, de Vatsyayana et du cheik Nefzaoui.

3780. Andrini. Lettre d'Isabella Andreini, padouana. *Torino,* 1610; in-8, vélin. 5 fr.

3781. Aneries révolutionnaires, ou balourdisiana, betissana, &c. Anecdotes de nos jours recueillies et publiées par Cap...l (Capelle). *Paris, an IX* (1801); in-18, front. en coul., br. 4 fr.

3782. Angelo. L'École des Armes avec l'explication générale des principales attitudes et positions concernant l'Escrime, par M. Angelo. *A Londres, chez R. et J. Dodsley,* 1763; in-fol. oblong., veau (*Rel. anc.*). 250 fr.

ÉDITION ORIGINALE de ce beau traité d'escrime orné de 47 planches en taille-douce gravées par *Ryland, Elliot, Hall* d'après les dessins de *J. Gwyn.*
Très bel exemplaire avec la liste des souscripteurs.

3783. Anselme (Le Père). HISTOIRE GÉNÉALOGIQUE ET CHRONOLOGIQUE DE LA MAISON ROYALE DE FRANCE, des Pairs, Grands Officiers de la couronne et maison du Roy, et des anciens barons du royaume. Avec les qualitez, l'origine, le progrès et armes de leurs familles. Le tout dressé sur titres originaux, registres, etc., par le P. Anselme (P. de Guibours), continuée par M. du Fourny. Troisième édition corrigée et augmentée par les soins du P. Ange (Raffard) et du P. Simplicien (P. Lucas). *Paris, par la compagnie des libraires,* 1726-1733; 9 vol. in-fol., front. et blasons, veau granit, dos orné, tr. rouge (*Rel. anc.*). 650 fr.

Ouvrage des plus importants pour l'histoire des princes et des grandes familles de France. — Rare.

3784. Apulée. L'Ane d'or, ou la Métamorphose. Traduction de Savalète. Préface de J. Andrieux. Avec nombreuses figures dessinées par A. Racinet et P. Bénard. *Paris, Firmin-Didot,* 1872; gr. in-8, vélin, fil., *non rogné.* 18 fr.

3785. Arago (Jacques). Voyage autour du Monde dans la lettre A. *Paris,* 1853; in-12, br. 4 fr.

Tiré à petit nombre.

3786. Argentré et **Lesconvel**. Abrégé de l'histoire de Bretagne par Lesconvel. *Paris, Ch. Coignard,* 1695; in-12, veau. 4 fr.

Portrait du Comte de Toulouse.

3787. Art (l') de desoppiler la rate, Sive de modo C. prudenter, en prenant chaque feuillet pour se t. le d. Entremêlé de quelques bonnes choses. (Par A.-J. Panckoucke). *A Galliopoli de Calabre, l'an des folies,* 175884 (1754); in-12, mar. rouge, dos orné, dent., tr. dor. 30 fr.

La première et la meilleure édition de ce recueil qui contient une quantité de renseignments les plus divers : extraits de livres rares, analyses de sermonnaires burlesques, morceaux scatalogiques, bibliographie d'ouvrages singuliers, etc.

Et de Livres anciens et modernes

3788. Art (L') de ne jamais déjeuner chez soi, et de dîner toujours chez les autres ; enseigné en huit leçons, indiquant les diverses recettes pour se faire inviter tous les jours, toute l'année, toute la vie, par feu M. le chev. de Mangenville (Emile-Marco de Saint-Hilaire). *Paris, libr. universelle*, 1827 ; in-18, cart., éb. 7 fr.

     Frontispice en couleur par *Henry Monnier*.

3789. Artamof (Piotre). La Russie historique, mouumentale et pittoresque. *Paris, Lahure*, 1862 ; 2 vol. in-fol., demi-rel. mar. bleu, tête dor., *non rognés.*   35 fr.

     Texte illustré de très belles figures gravées sur bois.
     Piotre Artamof est le pseudonyme du comte Vladimir de la Fite de Pelleporc.

3790. L'Artiste. Beaux-arts et Belles-lettres. *Paris, Bureaux de l'Artiste*, 1843 ; in-4, chagr. brun. 15 fr.

     Tome IV de la 3ᵉ. SÉRIE avec 47 belles planches en taille-douce, ou lithographiées.

3791. Asselineau (Charles). Les Sept Péchés capitaux de la littérature et le paradis des gens de lettres. *Paris, Alph. Lemerre*, 1872 ; pet. in-12, portr., br.   3 fr.

3792. Aubigné (Agrippa d'). L'Enfer, satire par Agrippa d'Aubigné, publiée pour la première fois d'après le manuscrit du recueil de Conrart, avec une notice, des éclaircissements et des corrections, par M. Ch. Read. *Paris, Jouaust*, 1873; in-12, mar. rouge, dos orné, fil., tête dor., éb. (*Courmont*)   20 fr.

     Très jolie édition tirée à 15 exemplaires sur PAPIER DE CHINE.

3793. Audebert. Histoire naturelle des singes et des makis. *Paris, Desrais* (1800) ; gr. in-fol., demi-rel. basane, *non rogné.*   100 fr.

     Bel exemplaire sur PAPIER VÉLIN, orné de 63 planches coloriées.

3794. Audsley et L. **Bowes.** La Céramique Japonaise, édition française publiée sous la direction de M. A. Racinet. *Paris, Didot*, 1880; 2 vol. in-fol., demi-rel. dos et coins de mar. rouge, dos orné, tête dor., *non rognés.*   150 fr.

     55 planches en couleur.

3795. Auteurs grecs (Extraits des), concernant la Géographie et l'Histoire des Gaules. Texte et traduc-

tion nouvelle publiés par Edm. Cougny. *Paris, Renouard*, 1878-1886 ; 5 vol. in-8, br.   20 fr.

     De la collection de la Société de l'Histoire de France.

3796. Auvergne. Vues pittoresques de l'ancienne France, lithographiées d'après nature. *Paris*, 1829 ; in-fol., cart., *non rogné.*
RIOM et ses environs. 44 pl.   40 fr.
CLERMONT et ses environs. 33 pl. 30 fr.
THIERS et LE PUY. 60 pl.   50 fr.

3797. Avantures (Les) trop amoureuses ou Elisabeth Chudleigh, ex-duchesse douairière de Kingston, aujourd'hui comtesse de Bristol et la marquise de la Touche sur la scène du monde. *Londres*, 1776 ; in-12, demi-rel. bas.   5 fr.

     La duchesse de Kingston avait été accusée de bigamie et jugée par la Chambre des pairs.

3798. Bachaumont. Mémoires secrets pour servir à l'histoire de la république des lettres en France, depuis 1762 jusqu'à nos jours, par feu M. de Bachaumont. *Londres, J. Adamsohn*, 1777-1789 ; 36 vol. in-12, veau.   80 fr.

3799. Bachelet et **Dezobry.** Dictionnaire général des Lettres, des Beaux-Arts et des Sciences morales et politiques. *Paris, Delagrave*, 1886 ; 2 vol. gr. in-8, *brochés.* 15 fr.

3800. Bacler d'Albe. [Promenades pittoresques et lithographiques dans et ses Environs. *Paris*, 1822]; in-fol. *en feuilles.*   100 fr.

     45 planches lithographiques (sur 48) pour l'iconologie parisienne à l'époque de la Restauration : Monuments, vues, sites, etc.

3801. Ballades dans Paris. Au Moulin de la Galette. — A l'Hôtel Drouot. — Sur les Quais. — Au Luxembourg. Notes inédites par MM. E. R., Paul Eudel, B.-H. Gausseron et Adolphe Retté. *Paris, imprimé pour les Bibliophiles contemporains*, 1894 ; gr. in-8 carré, mar. La Vallière clair, encadr. de fil. droits, courbes et entrelacés sur le dos et les plats, doubl. et gardes de soie bleue, bordure int. de 7 fil., tr. dor. sur fausses marges, couv. conserv., étui (*Canape*).   700 fr.

     Ouvrage tiré à 180 exemplaires numérotés pour les membres de la Société des Bibliophiles contemporains et orné d'encadrements en couleurs dessinés par *A. Lunois* et de 4 grandes compositions de *Bertrand* gravées à l'eau-forte, en 2 états : en noir et en couleurs.

3802. **Ballets** et Mascarades de Cour, de Henri III à Louis XIV (1581-1652), recueillis et publiés d'après les éditions originales par M. Paul Lacroix. *Genève, J. Gay et fils,* 1868-1870 ; 6 vol. in-12, brochés en cart.   150 fr.

Un des deux exemplaires sur PEAU DE VÉLIN.

3803. **Ballets** et Mascarades de Cour, de Henri III à Louis XIV (1581-1652), recueillis et publiés, d'après les éditions originales, par M. Paul Lacroix. *Genève, Gay,* 1868-1870 ; 6 vol. pet. in-12, demi-rel. dos et coins de mar. La Vallière, tête dor., *non rognés (David).*   100 fr.

Un des 4 exemplaires sur PAPIER DE CHINE.
Intéressant recueil réunissant tous les ballets qui ont pu être retrouvés depuis 1581 jusqu'en 1652. Rare.

3804. **Balzac.** Revue parisienne dirigée par M. de Balzac. *Paris, à la Revue parisienne,* 1840 ; in-16, br., couv.   6 fr.

Ce volume renferme 3 n°ˢ du 25 juillet au 25 septembre 1840.

3805. **Bapst** (Germain). Inventaire de Marie-Josèphe de Saxe, Dauphine de France. *Paris, imp. Lahure,* 1883 ; pet. in-4, pap. de Holl., *broché,* couv.   15 fr.

3806. **Barba** (Jean-Nicolas). Souvenirs de Jean-Nicolas Barba, ancien libraire au Palais-Royal. *Paris, Ledoyen et Giret,* 1846 ; in-8, portr., br.   8 fr.

Portraits de Pigault-Lebrun et de Barba en lithographie.

3807. **Barbey d'Aurevilly.** Memorandum. *Caen, impr. de A. Hardel,* 1856 ; in-16 carré, br. 12 fr.

Cet ouvrage, tiré à petit nombre sur papier vergé, n'a pas été mis dans le commerce. Rare.

3808. **Barbet de Jouy** et **Jacquemart.** Les Gemmes et Joyaux de la Couronne du musée du Louvre, expliqués par M. Barbet de Jouy, membre de l'Institut, dessinés et gravés à l'eau-forte d'après les originaux par J. Jacquemart.

Introduction par A. Darcel. *Paris, Techener,* 1886 ; in-fol., demi-rel. dos et coins de mar. rouge, tête dor., *non rogné.*   200 fr.

60 planches à l'eau-forte et texte explicatif montés sur onglets. Bel exemplaire.

3809. **Baron.** Le Théâtre de M. Baron, augmenté de deux pièces qui n'avoient pas encore été imprimées. *Paris,* 1759 ; 3 vol. in-12, veau.   5 fr.

3810. **Barre** (Le P.). Histoire générale d'Allemagne. *Paris, Delespine et Hérissant,* 1748 ; 11 vol. in-4, veau, dos orné (*Rel. anc.*) 30 fr.

Vignettes d'*Eisen* et de *Le Bas.*

3811. **Barthelémy** (Édouard de). La Noblesse en France avant et depuis 1789. *Paris, Bourdilliat,* 1860 ; cart.   3 fr.

3812. **Basan.** Recueil d'Estampes gravées d'après les tableaux du cabinet de Mgr. le duc de CHOISEUL, par les soins du sieur Basan. *Paris, l'auteur,* 1771 ; in-4, veau, fil., tr. dor. (*Rel. anc.*).   300 fr.

Titre, dédicace, portrait du duc de Choiseul et 128 planches gravées par les meilleurs artistes de l'époque.
Bel exemplaire.

3813. **Basan.** Collection de cent vingt estampes, gravées d'après les tableaux et dessins qui composoient le cabinet de M. POULLAIN, receveur général des domaines du Roi, décédé en 1780. *Paris, Basan,* 1781 ; in-4, veau marbré, fil., tr. dor. (*Rel. anc.*).   300 fr.

Exemplaire de PREMIER TIRAGE.

3814. **Batteux** (L'abbé). Principes de la Littérature. Nouvelle édition. *Paris, Desaint et Saillant,* 1764 ; 5 vol. in-12, veau, dos orné. 15 fr.

Ex-dono frappé sur les plats aux armes de Jean de BERBISEY, premier président au Parlement de Bourgogne.

3815. **Bauhin** (Gaspard). De Hermaphroditorum monstrosorumque partuum natura ex theologorum, jureconsultorum. etc. *Oppenheimii, typis Hieronymi Galleri,* 1614 ; in-12 de 595 pp., titre gravé, demi-rel. veau.   20 fr.

Très curieuses figures de monstres humains.

3816. **Baurn** (Joannis Guilielmus). Iconographia complectens in Se

Passionem, Miracula, Vitam Christi universam, nec non prospectus rarissimorum Portuum, Palatiorum, Hortorum, Historiarum, aliarumque rerum quæ per Italiam spectatu sunt dignæ. Proprio ære æri incisæ et vena'es expositæ a Melchiore Kysell Augustano. *Augustæ Vindelicorum*, 1670; in-fol. oblong, demi-rel. vélin.   60 fr.

> Titre, 1 f. de texte et 123 planches diverses, avant la lettre, remarquables pour la partie décorative, gravées à l'eau-forte par M. *Kysell.*

3817. Bausset (L.-F.-J. de). Mémoires anecdotiques sur l'intérieur du palais, et sur quelques événemens de l'Empire depuis 1805 jusqu'au 1er mai 1814, pour servir à l'histoire de Napoléon. *Paris, Baudoin*, 1827 ; 4 vol. in-8, portr., fac-similé.   35 fr.

> Portraits de Napoléon, de Joséphine et de Marie-Louise.

3818. Bauvillers. Manuel de la Cuisine ou l'art d'irriter la gueule, par une société de gens de bouche. *Metz, Antoine*, 1811 ; in-8, br. 10 fr.

> Véritable première édition du *Cuisinier royal.* M. Vicaire, dans sa « Bibliographie gastronomique », pense que le nom de Beauvilliers ou Bauvillers, sous lequel ce livre a été réédité, est un pseudonyme.

3819. Bazin. Notes historiques sur la Vie de Molière. *Paris, Techener*, 1851 ; in-12, *broché.*   3 fr.

> Epuisé.

3820. Beaufort d'Auberval. Contes érotico-philosophiques. *Bruxelles, Kistemaeckers*, 1882 ; in-8, *broché.*   10 fr.

> Illustrations d'*Amédée Lynesse.*
> Soixante-quatre contes gaillards, facétieux, satyriques et spirituellement piquants, remplis de l'esprit gaulois le plus caractéristique.

3821. Beaujeu. Mémoires du Chevalier de Beaujeu, contenant ses divers voyages tant en Pologne, en Allemagne, qu'en Hongrie, avec des relations particulières des guerres et des affaires de ces pays-là, depuis 1679. *Paris, Cl. Barbin*, 1698 ; in-12, veau.   5 fr.

3822. Beauvau. Mémoires du marquis de Beauvau, pour servir à l'histoire de Charles IV, duc de Lorraine et de Bar. *Cologne, Pierre Marteau*, 1690; in-12, veau. (*Rel. anc.*).   7 fr.

3823. Beaux-Arts (les). Illustrations des arts et de la littérature. *Paris, Curmer*, 1844 ; 3 vol. in-4, demi-rel. veau.   70 fr.

> Lithographies par *Gavarni, Français, Mouilleron, Baron, Leroux*, etc., etc., et nombreuses vignettes sur bois, dans le texte.
> Bel exemplaire.

3824. Beaux-Arts (les) réduits à un même principe (par l'abbé Ch. Batteux). *Paris, Durand*, 1746 ; in-12, front., veau.   3 fr.

3825. Belligéra (Fernand). Miettes d'amour. *Paris, sous la galerie de l'Odéon*, 1857 ; in-16, br., couv. 4 fr.

> Frontispice à l'eau-forte par *Flameng.*

3826. Béraldi (Henri). Mes Estampes, 1872-1884. *Lille, impr. de L. Danel*, 1887 ; pet. in-8, broché.   50 fr.

> Première édition, tirée à 100 exemplaires sur papier vergé, d'un très rare petit volume, donnant, dans une forme humoristique, la description de la collection iconographique de l'auteur.

3827. Béraldi. L'Œuvre de Moreau le jeune. Notice et catalogue par Henri Draibel. Portrait gravé d'après Cochin. *Paris, Rouquette*, 1874 ; pet. in-8, br.   7 fr.

3828. Béranger. Chansons. *Paris, chez les marchands de nouveautés*, 1821 ; 2 vol. — Chansons nouvelles. *A Paris*, 1825. — Chansons inédites. *Paris, Baudouin*, 1828. — Chansons (Supplément). *Bruxelles, Tarlier*, 1829. — Chansons nouvelles et dernières, dédiées à Lucien Bonaparte. *Paris, Perrotin*, 1833. Ens. 6 vol. in-16, demi-rel. dos et coins de mar. rouge, dos plat avec ornements genre 1830, *non rognés (Cuzin).*   1.100 fr.

> Magnifique exemplaire provenant de la bibliothèque de Conquet, des 5 parties originales, avec les 103 figures de *Johannot, Raffet, Monnier, Grandville*, publiées en 1829-1833 et les 8 figures libres.
> Ensemble 111 pièces sur blanc avant la lettre.

3829. Béranger. Œuvres complètes. Edition unique revue par l'auteur. *Paris, Perrotin*, 1834 ; 4 vol. in-8, demi-rel. bas. anc.   25 fr.

> 104 vignettes par *Tony Johannot.*

3830. Berchoux. La Danse, ou les dieux de l'Opéra, poëme. *Paris,*

Giguet et Michaud, 1806 ; in-12, cart., *non rogné*.   5 fr.

Frontispice de *Myris*, gravé par *Baquoy*.

3831. Bergerat (Émile). Les Chefs-d'œuvre d'art à l'Exposition de 1878-1879; 40 livraisons in-fol. 40 fr.

Exemplaire sur PAPIER DE HOLLANDE, orné de nombreuses figures.

3832. Bergerat (Émile). Enguerrande, poème dramatique, précédé d'une préface par Théodore de Banville. *Paris, Frinzine*, 1884 ; in-4, br.   20 fr.

Exemplaire sur PAPIER WATHMAN. Portrait de l'auteur gravé à l'eau-forte par *Henri Lefort* et 2 compositions du statuaire *Auguste Rodin*.

3833. Bergier. Histoire des grands Chemins de l'Empire romain, contenant l'origine, progrès et étendue quasi incroyable des chemins militaires, etc., par Nicolas Bergier. *Bruxelles, J. Léonard*, 1736 ; 2 vol. in-4, front. et pl., veau.   15 fr.

Nombreuses inscriptions lapidaires.

3834. Bernard (Aug.). Geofroy Tory, peintre et graveur, premier imprimeur royal. *Paris*, 1857. — Antoine Vitré et les caractères orientaux de la Bible polyglotte de Paris. *Paris*, 1857. — Les Estienne et les types grecs de François Ier. *Paris*, 1856. Ens. 3 ouvrages en un vol. in-8, demi-rel. veau fauve, éb.   12 fr.

3835. Bernard (P.-J.). Œuvres complètes. *Londres* (*Paris, Cazin*), 1777 ; pet. in-12, veau, tr. dor. 8 fr.

Charmante figure de *Marillier* gravée par *Delaunay*, à la date de 1781, pour le chant 2ᵉ de l'Art d'aimer.

3836. Bernard (P.-J.). Œuvres complètes. *S. l. n. d.* (*Paris, Cazin*; pet. in-12, veau, tr. dor. 3 fr.

Joli titre gravé.

3837. Bernard (P.-J.). Œuvres, ornées de gravures d'après les dessins de Prud'hon, la dernière estampe gravée par lui-même. *Paris, P. Didot l'aîné, an V* (1797) ; in-4, demi-rel. dos et coins de mar. rouge, dos orné, fil., tête dor., *non rogné* (*Petit-Simier*).   250 fr.

Très bel exemplaire. Un des 150 tirés SUR PAPIER VÉLIN FORT D'ANGOULÊME, avec la suite des figures de *Prud'hon*, en épreuve AVANT LA LETTRE. Les exemplaires sur ce papier sont les seuls qui contiennent les Opéras de l'auteur.

3838. Bernard (P.-J.). Œuvres de P.-J. Bernard, ornées de gravures d'après les dessins de Prud'hon; la dernière estampe gravée par lui-même. *Paris, impr. de P. Didot l'aîné, an V* (1797) ; gr. in-4, demi-rel. dos et coins de chagr. bleu, tête dor., *non rogné* (*Raparlier*).   40 fr.

Quatre figures de *Prud'hon*, gravées par *Prud'hon, Beisson* et *Copia*.

3839. Bernis. Œuvres complètes de M. le C. de B*** (Cardinal de Bernis). *Londres* (*Cazin*), 1777 ; 2 vol. pet. in-12, veau fauve, dos orné, fil., tr. dor.   6 fr.

Joli frontispice de *Marillier* gravé par *Delaunay*.

3840. Béroalde de Verville. Le Moyen de parvenir. Nouvelle édition. *S. l.*, 100070073 (1773) ; 2 vol. in-12, br.   15 fr.

Frontispice avec portrait de l'auteur.

3841. Berquin. Romances. *Paris, imp. de Monsieur*, 1788 ; pet. in-12, cart., *non rogné*.   150 fr.

PAPIER VÉLIN.

10 figures par *Borel*, gravées par *Dambrun, Delignon, Guttenberg, Hubert, de Longueil* et *Petit*, AVANT LES NUMÉROS.

On a ajouté : la suite complète des 7 charmantes figures de *Marillier*, gravées par *Delaunay jeune* et *Ponce*, AVANT LES NUMÉROS; 5 figures de la même suite à l'état d'EAU-FORTE PURE; une figure de *Moreau*, gravée par *de Ghendt*, AVANT LA LETTRE, et 2 figures de *Le Barbier*, gravées par *Villerey*.

Bel exemplaire dans sa condition primitive. Très rare.

3842. Berri (Duchesse de). Mémoires historiques de S. A. R. Madame la Duchesse de Berri depuis sa naissance jusqu'à ce jour, publiés par A. Nettement. *Bruxelles, Hauman*, 1837 ; 3 vol. in-12, br. 10 fr.

3843. Berthoud (Ferdinand). L'Art de conduire et de régler les pendules et les montres, à l'usage de ceux qui n'ont aucune connoissance d'horlogerie. *Paris*, 1759 ; pet. in-12, veau.   8 fr.

4 planches gravées représentant des montres et leur mécanisme.

3844. Berton. Traité d'harmonie, 1 vol. — Dictionnaire des accords, *Paris, Duhan, s. d.* 3 vol. — Ens. 4 vol. in-4, demi-rel. veau fauve, dos orné, tr. rouge.   50 fr.

Portrait, texte et musique gravés.

Et de Livres anciens et modernes

3845. **Bertrand** (Alexandre). Archéologie celtique et gauloise. Mémoires et documents relatifs aux premiers temps de notre histoire nationale. *Paris, Didier,* 1876 ; in-8, fig., br. 12 fr.

 Très rare.

3846. **Berwick**. Mémoires du maréchal de Berwick écrits par lui-même ; avec une suite abrégée depuis 1716 jusqu'à sa mort en 1734. *Paris, Moutard,* 1778 ; 2 vol. in-12, veau. 7 fr.

3847. **Beughem** (Corneille de). Bibliographia historica, chronologica et geographica novissima, perpetuo continuanda. Opera ac studio Cornelii à Beughem, Embricensis. *Amstelædami, apud Janssonio Waesbergios,* 1685 ; pet. in-12, vélin. 4 fr.

3848. **Bible** (Sainte). Figures des histoires de la Saincte Bible, accompagnées de briefs discours, contenans la plus grande partie des histoires sacrées du Vieil et du Nouveau Testament. *Paris, Guillaume Le Bé,* 1670 ; in-fol., fig., vélin. 40 fr.

 Cette édition de la Bible de Jean Cousin et de Le Clerc contient 273 figures gravées sur bois. Raccommodages.

3849. **Bibliographie** des ouvrages relatifs à l'amour, aux femmes, au mariage, et des livres facétieux, pantagruéliques, scatologiques, satyriques, etc., par la C. d'I*** (Gay). *Turin, J. Gay,* 1871-1873 ; 6 vol. in-8, demi-rel. mar. brun, tête dor., *non rognés.* 120 fr.

 Un des cent exemplaires sur GRAND PAPIER.

3850. **Bibliothèque** choisie de contes, de facéties et de bons mots, par une société de gens de lettres. *Paris, Royez,* 1786-1790 ; 8 vol. in-8, fig., veau, tr. dor. (*Rel. anc.*) 30 fr.

 Contes grecs et latins, 3 vol. — Contes français, 2 vol.— Folies et nouvelles folies sentimentales, 2 vol. — Fables et contes indiens, 1 vol.

3851. **Bibliothèque** latine-française, publiée par C. L. F. Panckoucke. *Paris, Panckoucke,* 1826-1849 ; 211 vol. in-8, cart., *non rognés.* 450 fr.

 Première série, 1826-1839. 178 vol. et 2 albums.
 Deuxième série, 1842-1849. 33 vol.
 Rare collection complète.

3852. **Bibliothèque originale**. *Paris, Pincebourde,* 1864-1866 ; 8 vol. in-16 carré, cart., tête dor., *non rognés.* 35 fr.

 Monselet. Fréron. — *Caillot-Duval.* Mystifications. — *Littré.* La vérité sur la mort d'Alexandre le Grand. — *Claretie. Pétrus Borel.* — *Du Noyer.* Histoire de l'abbé de Bucquoy. — *Janin.* Béranger et son temps. — *Larchey.* Correspondance de l'armée d'Egypte.

3853. **Binet**. Méditations affectueuses sur la Vie de la très Sainte Vierge mère de Dieu, par le R. P. Estienne Binet. *Anvers, Martin Nutius,* 1632 ; in-12, basane. 30 fr.

 Un frontisp. et 33 jolies figures gravées sur cuivre par C. de Mallery.

3854. **Blanchemain** (Prosper). Poèmes et Poésies. Foi, Espérance et Charité. *Paris, Rouveyre,* 1880 ; 2 vol. in-12, demi-rel. dos et coins de mar. vert, tête dor., *non rognés,* couv. (*Amand*) 35 fr.

 L'un des 25 exemplaires sur PAPIER DE CHINE avec le quadruple tirage du portrait de l'auteur et des figures de *Perret* et *Boilly,* gravées à l'eau-forte par *Lerat, Mongin* et *Gaujean,* tirés en rouge, en bistre, en noir et en bleu sur Japon et vergé.
 On a ajouté : Sept lettres autographes de l'auteur relatives à la confection de ces 2 volumes.
 De la bibliothèque d'OCTAVE UZANNE.

3855. **Blancheton** (A.). Vues pittoresques des Châteaux de France, dessinés d'après nature et lithographiées par les principaux artistes de la Capitale. Avec un texte historique et descriptif. *Paris, chez l'auteur,* 1816-1830 ; 2 vol. gr. in-fol., demi-rel. veau bleu, plats toile, dos orné. 150 fr.

 Portrait lithographié de l'auteur et 130 planches.
 Exemplaire en GRAND PAPIER.

3856. **Blegny** (de). Le bon Usage du thé, du caffé et du chocolat pour la préservation et pour la guérison des maladies. *Lyon, Thomas Amaulry,* 1687 ; in-12, front. et fig., bas. 8 fr.

3857. **Blessebois** (Corneille). Théâtre. (*Paris, impr. Jouaust*), 1864 ; in-12, cuir de Russie, dos orné, fil. à froid, milieux, tr. rouge. 15 fr.

 Les Soupirs de Sifroi. — L'Eugénie. — La Victoire spirituelle.

Achat de Bibliothèques

Tirage à petit nombre, dont 100 exemplaires numérotés mis dans le commerce.

3858. Blondel (Spire). L'Art intime et le goût en France. Grammaire de la Curiosité. *Paris, Rouveyre,* 1885 ; in-4, br.   15 fr.

Ouvrage illustré par *Arents, Bourdin, Fraipont, Lenoir, Monchablon,* etc., de 25 planches hors texte et de 200 vignettes intercalées dans le texte.

3859. Boccace. Le Décameron de Jean Boccace (traduit par Antoine Le Maçon). *Londres (Paris),* 1757-1761 ; 5 vol. in-8, front. et fig., mar. rouge, dos orné, fil., tr. dor. (*Rel. anc.*).   1.400 fr.

Un portrait, 5 frontispices, 110 figures et 97 culs-de-lampe par *Gravelot, Boucher et Eisen,* gravées par *Lemire, Baquoy, Tardieu* et autres.
Bel exemplaire renfermant les 21 figures libres.

3860. Boccace. Nouvelles de Jean Boccace, traduction libre par Mirabeau. *Paris, Duprat,* 1802 ; 4 vol. in-8, fig., demi-rel. dos et coins de chagr. bleu, tête dor., *non rognés.*   75 fr.

8 charmantes figures entourées de médaillons, par *Marillier,* gravées par *Courbe, Delvaux, Devilliers* et *Ponce.*
Exemplaire en PAPIER VÉLIN.

3861. Boccace. Le Décaméron. Illustrations de Jacques Wagrez. Traduction et notes de Francisque Reynard. *Paris, G. Boudet,* 1890 ; 3 vol. in-4, mar. vert clair, dos orné mosaïqué, 3 fil. sur les plats avec branches de feuillages et fleurs en mosaïque de mar. vert foncé et citron aux angles, doubl. et gardes de soie brochée, tr. dor. sur fausses marges, couv. conservée, étuis (*Canape*).   1.400 fr.

Un des 25 exemplaires numérotés sur PAPIER DU JAPON, contenant :
1° Les eaux-fortes hors texte en 3 états : eau-forte pure, avant la lettre avec remarque et avec la lettre.
2° Un tirage à part en bistre sur papier du Japon, de toutes les gravures du texte.
3° Une jolie COMPOSITION ORIGINALE de *Jacques Wagrez* à l'aquarelle, sur le faux-titre.

3862. Boetius à Bolswert. Le Pelerinage de deux sœurs Colombelle et Volontairette vers Bienaymé en la cité de Jérusalem, contenant les divers accidents arrivez en leur voyage. *Bruxelles, Fr. Foppens,* 1684 ; in-12, veau. 10 fr.

Livre mystique orné de curieuses vignettes en taille-douce.

3863. Boileau. Œuvres diverses du sieur D*** (Boileau-Despréaux), avec le traité du sublime de Longin. *Paris, L. Billaine,* 1674 ; in-4, front. et fig., mar. rouge jans.; tr. dor. (*Hardy*).   60 fr.

ÉDITION ORIGINALE sous ce titre. Exemplaire en parfait état.

3864. Boileau. Œuvres diverses du sieur D*** (Despréaux), avec le traité du sublime ou du merveilleux dans le discours traduit du grec de Longin. Nouvelle édition revue et augmentée. *Paris, G. Thierry,* 1685 ; in-12, veau.   5 fr.

3865. Boileau. Œuvres diverses du sieur D*** (Despréaux) avec le traité du sublime ou du merveilleux dans le discours, traduit du grec de Longin. Nouvelle édition revue et augmentée. *Paris, D. Thierry,* 1694 ; 2 vol. in-12, veau.   8 fr.

Frontispice et figures gravés en taille-douce.

3866. Boileau. Œuvres. Avec des éclaircissemens historiques donnez par lui-même. *Genève,* 1716 ; 2 vol. in-4, veau brun, dos orné.   35 fr.

Portraits d'après *Rigaud* et d'après *Santerre,* et 6 figures de *Chéreau.*

3869. Boileau. Œuvres de Boileau-Despréaux. Imprimé par ordre du roi pour l'éducation de Mgr. le Dauphin. *Paris, impr. de Didot l'aîné,* 1788 ; 3 vol. in-12, cart., *non rognés.*   15 fr.

PAPIER VÉLIN.

3870. Boileau (l'abbé Jacques). Histoire des Flagellans, où l'on fait voir le bon et le mauvais usage des flagellations parmi les chrétiens, par des preuves tirées de l'écriture sainte. Seconde édition revue et corrigée (par l'abbé J.-J. Granet). *Amsterdam, Henry du Sauzet,* 1732 ; in-12, veau fauve, dos orné, fil., tr. dor. (*Rel. anc.*).   10 fr.

Livre curieux composé en latin, dont le traducteur français est inconnu.
Bel exemplaire.

3871. Bonanni (Ph.). Ordinum religiosorum in ecclesia militanti Catalogus eorumque indumenta in iconibus expressa a P. Philippo Bonanni. *Romæ, G. Plachi,* 1722-1723 ; 3 vol. in-4, pl., basane. 200 fr.

Ouvrage estimé et curieux donnant, gravés sur cuivre, tous les costumes des ordres religieux de cette époque.
On y joint les deux autres ouvrages du

même auteur formant le complément de celui-ci :

La Gerarchia ecclesiastica, Roma, 1720, in-4 et *Catalogo degli ordini equestrie militari*. Roma, 1724, in-4. Ensemble 5 volumes.

Ces trois ouvrages ont leur texte explicatif rédigé en latin et en italien et sont ornés en totalité de 650 planches.

Bel exemplaire.

3872. Bonaparte (Louis). Mémoires sur sa vie et son règne, ou documents historiques et politiques, et particularités secrètes sur la Hollande, disputée par la France et l'Angleterre. *Paris, Landois*, 1836 ; 3 vol. in-8, br.   15 fr.

Cet ouvrage fut publié également sous le titre de : « *Documents historiques, et réflexions de la Hollande* ».

3873. Bonnaffé (Edmond). Le Meuble en France au XVI° siècle. *Paris, libr. de l'art*, 1887 ; in-4, br. 15 fr.

120 gravures reproduisant les plus beaux spécimens de meubles anciens du XVI° siècle.

3874. Borel (P.). Trésor de Recherches et Antiquitez gauloises et françoises reduites en ordre alphabétique et enrichies de beaucoup d'origines, épitaphes, et autres choses rares et curieuses, comme aussi de beaucoup de mots de la langue Thyoise ou Theuthfranque. *Paris, Augustin Courbé*, 1655 ; in-4, veau fauve (*Rel. anc.*).   70 fr.

Bel exemplaire aux armes du comte d'HOYM, et provenant de la bibliothèque de Ch. NODIER.

3875. Borel (Pétrus). Rapsodies. *Bruxelles*, 1868 ; in-12, *broché*. 5 fr.

PAPIER VERGÉ. Figure à l'eau-forte.

3876. Bossuet. Discours sur l'Histoire universelle, par Bossuet. *Paris, Lefèvre*, 1823 ; 2 vol. in-8, demi-rel. dos et coins de mar. vert, dos orné, *non rognés* (*Simier*). 40 fr.

Très bel exemplaire en GRAND PAPIER VÉLIN.

3877. Bossuet. Discours sur l'histoire universelle, 3 vol. — Oraisons funèbres, 1 vol. *Paris, E. Plon*, 1875. Ens. 4 vol. in-16, *brochés*. 10 fr.

Jolie petite édition imprimée sur PAPIER VÉLIN.

3878. Bossuet (Jacques-Bénigne). Histoire des variations des églises protestantes. *Paris, Mabre-Cramoisy*, 1688 ; 2 vol. in-4, veau. 40 fr.

ÉDITION ORIGINALE.

3879. Bossuet. Oraisons funèbres. *Paris, Ant.-Aug. Renouard*, 1802 ; 2 tomes en un vol. in-12, portr. veau marbr., dos orné, dent., tr. dor.   10 fr.

Portrait par *Aug. de Saint-Aubin*.

3880. Boubée (Simon). Main-de-Cire. *Paris, Piaget*, 1888 ; in-12, cart., *non rogné*.   65 fr.

ÉDITION ORIGINALE. Exemplaire sur PAPIER DE HOLLANDE, enrichi, sur le faux-titre et dans les marges, de 6 aquarelles de *H. de Sta*.

3881. Boufflers (Le chevalier de). Œuvres. *La Haye, Detune*, 1781 ; in-12, veau, dos orné.   3 fr.

3882. Boufflers. Œuvres mêlées de M. le chevalier de Boufflers, et de M. le marquis de Villette. *A Londres* (*Cazin*), 1782 ; pet. in-12, veau, tr. dor.   3 fr.

3883. Bouillon. Musée des antiques, dessiné et gravé avec des explications par J.-B. de Saint-Victor. *Paris, P. Didot*, 1811-1827 ; 3 vol. in-fol., demi-rel. mar. rouge, *non rognés*.   220 fr.

Bel exemplaire en GRAND PAPIER, contenant 280 planches, épreuves AVANT LES NUMÉROS.

3884. Boulainvilliers (le comte de). Essais sur la Noblesse de France, contenans une dissertation sur son origine et abaissement ; avec des notes historiques, critiques et politiques. *Amsterdam*, 1732 ; in-12, veau.   12 fr.

Cet ouvrage ayant été sévèrement censuré, les éditeurs ont dû supprimer plusieurs passages, notamment aux pages 53, 67, 73, 181 et 203, qui ont été conservés dans cet exemplaire-ci.

3885. Boulainvilliers (le comte de). Histoire de la Pairie de France et du parlement de Paris, où l'on traite aussi des Electeurs de l'Empire et du Cardinalat. *Londres, Samuel Harding*, 1740 ; in-12, front., veau.   5 fr.

3886. Boulainvilliers (le comte de). Lettres sur les anciens Parlemens de France que l'on nomme Etats-généraux. *Londres, Wood et Palmer*, 1753 ; 3 vol. in-12, veau, dos orné (*Rel. anc.*).   12 fr.

3887. Bourassé. La Touraine. Histoire et monuments. *Tours, Mame*,

Achat de Bibliothèques

1855 ; in-fol., demi-rel. chagrin rouge, plats toile, tr. dor. 70 fr.

Très bel ouvrage orné de nombreuses figures dans le texte et hors texte.

3888. Bourgeois. Vues de Rome et des environs (*vers* 1805) ; 96 planches en 1 vol. in-fol., veau racine. 40 fr.

3889. Bourgogne. Vues pittoresques de l'ancienne France, lithographiées d'après nature. *Paris,* 1860, in-fol., cart., *non rogné.*
Dijon, 53 pl. 50 fr.
Autun et ses envir. 33 pl. 30 fr.
Auxerre et ses envir. 37 pl. 35 fr.
Beaune et Avallon, 32 pl. 30 fr.

3890. Brachelius (Adolphe). Historiarum nostri temporis. Editio ultima. In duas partes divisa. Prioribus multo emendatior, et continuata in annum 1654, diversis variorum principium et virorum illustrium figuris exornata: *Amstelodami, apud Jacobum Van Meurs,* 1655 ; 2 vol. pet. in-12, mar. rouge, dos orné, fil., tr. dor. (*Masson-Debonnelle*) 125 fr.

91 portraits gravés sur cuivre, représentant les personnages historiques du XVII° siècle.
Bel exemplaire.

3891. Brizeux (Aug.). Les Bretons, poème. *Paris, Masgana,* 1846 ; in-12, demi-rel. chagr. brun, tête dor., *non rogné.* 8 fr.

ÉDITION ORIGINALE.

3892. Brongniart (A.) et D. **Riocreux.** Description méthodique du Musée Céramique de la Manufacture royale de porcelaine de Sèvres. *Paris, A. Leleux,* 1845 ; 2 vol. in-4 carré, veau fauve, dos orné, 3 fil. et armes sur les plats, tr. dor. (*Chipot*). 160 fr.

Ouvrage comprenant un volume de texte et un album de 80 planches coloriées (sauf 13 qui sont en noir).

3893. Brulliot (F.). Dictionnaire des Monogrammes, marques figurées, lettres initiales, noms abrégés, etc., avec lesquels les peintres, dessinateurs, graveurs et sculpteurs ont désigné leurs noms. *Munich, Gotta,* 1832-1834 ; 3 part. en un vol. in-4, demi-rel. mar. La Vallière, tr. peigne (*Lortic*). 65 fr.

Édition la plus estimée de cet ouvrage dont l'utilité n'est plus à démontrer.

3894. Bruscambille. Prologues tant sérieux que facétieux avec plusieurs galimatias, par le sieur D. L. (Deslauriers, dit Bruscambille). *Imprimé à Rouen, s. d.;* in-12, mar. citron, dos orné, fil., tr. dor. (*Duru*). 50 fr.

Édition rare contenant 33 prologues.

3895. Bulliard. Herbier de la France ou collection complète des plantes indigènes de ce royaume avec leurs détails anatomiques, leurs propriétés et leurs usages en médecine. *Paris, l'auteur,* 1780 ; 4 vol. in-folio, cart., *non rog.* 200 fr.

512 planches coloriées sur lesquelles il en manque 75 dans cet exemplaire.

3896. Bullet. Mémoires sur la langue celtique, contenant l'histoire de cette langue et l'indication des sources où l'on peut la trouver aujourd'hui ; une description étymologique des villes, rivières, montagnes, forêts, curiosités naturelles des Gaules ; un dictionnaire celtique, etc. *Besançon, Cl.-J. Daclin,* 1754-1759 ; 3 vol. in-fol., demi-rel. chagr. vert, dos orné. 60 fr.

Très bon ouvrage de linguistique, d'une très grande érudition. Mouillures aux premiers ff. du tome I°°.

3897. Bussy-Rabutin. Les Lettres de Messire Roger de Rabutin, comte de Bussy, lieutenant général des armées du Roi. *Paris, Florentin et Pierre Delaulne,* 1697 ; 4 vol. in-12, bas. 20 fr.

ÉDITION ORIGINALE.

3898. Cabinet de l'amateur (Le) et de l'antiquaire. Revue des tableaux et des estampes anciennes ; des objets d'art, d'antiquité et de curiosité. *Paris,* 1842-1861 ; 4 vol. in-8, et un vol. in-4, fig., demi-rel. dos et coins de mar. rouge, tête dor., *non rognés.* 100 fr.

Bel exemplaire avec le supplément publié par Eugène Piot.

3899. Cabinet (Le) des Fées, ou collection choisie des contes des fées, et autres contes merveilleux, ornés de figures. *Genève et Paris,* 1787-1789 ; 41 vol. in-12, br. 45 fr.

120 jolies figures par *Marillier*, gravées par *Berthet, Biosse Borgnet, Choffard, Dambrun, Delvaux, Fessard, Gaucher, de Ghendt, Halbou, de Longueil,* etc.

3900. Cabinet satyrique ou recueil parfait des vers piquans et

gaillards de ce temps tiré des secrets cabinets des sieurs de Sigogne, Régnier, Motin, Berthelot,
Maynard, et autres. *Gand et Paris,
Claudin*, 1859 ; 3 tomes en 2 vol.
in-12, demi-rel. veau fauve, dos
orné, tête dor., *non rognés.* 40 fr.

　　Rare.

3901. **Cahier** (le P. Ch.). Nouveaux
mélanges d'Archéologie, d'histoire
et de littérature sur le Moyen-Age.
Paris, Firmin Didot, 1874-1877 ;
4 vol. gr. in-4, br.　　　250 fr.

　　Nombreuses illustrations dans le texte
et hors texte ornant cet ouvrage estimé.

3902. **Caillot-Duval.** Correspondance philosophique de Caillot-
Duval, rédigée d'après les pièces
originales et publiée par une société de littérateurs lorrains. *Nancy
et Paris*, 1795 ; in-8, demi-rel. dos
et coins de mar. rouge, tête dor.,
non rogné.　　　　　15 fr.

　　ÉDITION ORIGINALE de cette corespon-
dance, mystification célèbre dont les véri-
tables auteurs furent le comte Alphonse
Fortia de Piles et le chevalier Boisgelin de
Kerdu.

3903. **Campan** (Mme). Mémoires
sur la vie privée de Marie-Antoinette, reine de France et de Navarre.
Paris, Baudouin, 1822 ; 3 vol. in-8,
br.　　　　-　　15 fr.

3904. **Campistron.** Les Œuvres de
M. Capistron. *Paris, Th. Guillain*,
1686 ; in-12, front., veau.　12 fr.

　　Virginie, tragédie, 1683. — Arminius,
tragédie, 1685. — Andronic, tragédie, 1685.
— Alcibiade, tragédie, 1686.
　　Toutes ces pièces sont en ÉDITION ORI-
GINALE avec titre particulier.

3905. **Caro** (Annibal). La Chanson
de la Figue, ou la Figuéide de
Molza, commentée par Annibal
Caro (XVIᵉ siècle). Traduit en Français pour la première fois, texte
Italien en regard. *Paris, Liseux*,
1886 ; pet. in-8, demi-rel. dos et
coins de mar. rouge, tête dor.,
non rogné.　　　　　20 fr.

　　On sait, ou l'on pourra deviner ce que
les Italiens entendent par la « figue »,
comme ils appellent autre chose le « me-
lon » ou la « pêche », par analogie de con-
figuration. Horace donne à l'objet son nom
propre, observant que, bien avant Hélène,
il avait été la cause la plus active des
guerres (*belli teterrima causa*). Nos modernes, plus discrets, le couvrent d'une
gaze plus ou moins transparente, et pour

Rabelais lui-même, pour Béroalde de Verville, c'est le « comment ha nom? »

3906. **Caron** (Pierre-Siméon). Collection de différens ouvrages anciens, poésies et facéties, réimpri-
més par ses soins. *Paris*, 1798-
1806 ; 10 vol. pet. in-8, mar. bleu,
dos orné, fil., *non rognés* (*Cour-
teval*).　　　　　200 fr.

　　Collection complète de ce qui a été réuni
par Caron.
　　Un des deux exemplaires tirés sur
PAPIER BLEU.

3907. **Catéchisme** et décisions de
cas de conscience à l'usage des
Cacouacs ; avec un discours dn
patriarche des cacouacs, pour la
réception d'un nouveau disciple
(par l'abbé Givry de Saint-Cyr). *A
Cacopolis* (*Paris*), 1758 ; pet. in-8,
veau.　　　　　6 fr.

　　Écrit contre les philosophes et l'Encyclopédie.

3908. **Catalogue** des Marbres,
Bronzes, Agates, Porcelaines, Meubles de Boule, Lustres en crystal
de roche, Feux, Bras, Girandoles,
Flambeaux, etc., composant le ma-
gasin de JULLIOT. *Paris, C.-F. Julliot*,
1777 ; in-12, veau marbr.　35 fr.

　　Avec les prix et le nom des acquéreurs.

3909. **Catalogue** des Tableaux,
Gouaches, Desseins en feuilles, Estampes, Livres et autres curiosités
du cabinet de M. HUQUIER. *Paris,
de l'impr. de Prault*, 1771-1772 ;
2 part. en 1 vol. in-12, basane. 35 fr.

　　Prix d'adjudication et table manuscrite.

3910. **Cats** (Jacob). Spiegel van den
ouden ende nieuwen tijt. Van nieus
oversien, vermeerdert, en verbetert.
Derden Druck. *Tot Dordrecht, get-
truckt by Hendrick van Esch*,
1635 ; in-4, veau fauve, fil., dos orné,
tr. dor. (*Trautz-Bauzonnet.*) 250 fr.

　　Très bel exemplaire de ce livre de pro-
verbes et sentences morales, orné de nombreuses et jolies figures sur cuivre, d'après
A.-V. Venne.

3911. **Caylus.** Œuvres complètes du
comte de Caylus. *Amsterdam et
Paris*, 1787 ; 12 vol. in-8, port. et
fig., veau marbré.　　　60 fr.

　　Portrait par *Cochin* et 24 jolies figures
par *Marillier*.

3912. **Cazotte.** Œuvres badines et
morales. Nouvelle édition. *Londres*

Achat de Bibliothèques

(*Paris*), 1798 ; 3 vol. in-12, cart., *non rognés*.   15 fr.

Exemplaire tiré sur GRAND PAPIER. Figures de *Challiou*, gravées par *Courbé* et *Bovinet*.

3913. **Cazotte.** Ollivier, poëme, par Cazotte. *A Paris, impr. de Pierre Didot l'aîné, an VI, 1798* ; 2 vol. in-18, veau.   10 fr.

10 jolies figures (sur 12) de *Lefèvre*, gravées par *Godefroy*. Les fig. des chants 10 et 12 manquent.

3914. **Cecilia,** ou Mémoires d'une héritière, par l'auteur d'Evelina (Miss Burney), traduit de l'anglois (par Henri Rieu). *Neuchâtel, impr. de la Société typographique, 1783* ; 5 tomes en 3 vol. in-8, demi-rel. veau fauve, *non rognés* (*Thouvenin*).   15 fr.

3915. **Cervantes.** Histoire de l'admirable don Quichotte de la Manche (traduction de Filleau de Saint-Martin). *Amsterdam, Pierre Mortier, 1696* ; 5 vol. pet. in-12, mar. citron, dos orné, fil., tr. dor. (*Belz-Niedrée*)   170 fr.

Jolie petite édition recherchée et rare, ornée de frontispices et de figures gravées en taille-douce.

3916. **Cervantes.** Histoire de l'admirable Don Quichotte de la Manche (traduite par Filleau de Saint-Martin). — Nouvelles de Michel de Cervantes. *Amsterdam et Leipzig, Arkstée et Merkus, 1768* ; 8 vol. in-12, veau fauve, dos orné, fil. (*Rel. anc.*).   45 fr.

Bel exemplaire avec les figures de *Coypel*, gravées par *Folkema* et *Fokke*.

3917. **Cervantes.** Les Principales Aventures de l'admirable Don Quichotte, représentées en figures par Coypel, Picart le Romain et autres habiles maîtres ; avec les explications des 31 planches de cette magnifique collection. Tirées de l'espagnol de Miguel Cervantes. *La Haye et Paris, Bleuet, 1774* ; 2 vol. in-8, fig., veau marbré, dos orné, fil. (*Rel. anc.*).   20 fr.

Jolies figures.

3918. **Champagne.** Vues pittoresques de l'ancienne France, lithographiées d'après nature. *Paris, 1845* ; in-fol., cart., *non rogné*.
REIMS et ses environs, 117 pl. 100 fr.
TROYES et ses environs, 72 pl. 65 fr.

CHALONS et ses environs, 42 pl. 40 fr.
MEAUX, PROVINS, CHATEAU-THIERRY, 58 pl.   50 fr.

3919. **Chansonnier** (Le) des Grâces; avec la musique gravée des airs nouveaux. *Paris, Louis, 1811, 1813, 1815* ; 3 vol. in-12, front., bas. 15 fr.

Le vol. de 1811 est relié en mar. rouge anc., dos orné, dent., tr. dor.

3920. **Chansonnier** (Le petit) français, ou choix des meilleures chansons sur des airs connus. *Genève et Paris, Vve Duchesne, 1730* ; 2 vol. pet. in-8, front., veau, dos orné, fil. (*Rel. anc.*)   7 fr.

3921. **Chansonnier.** Le Troubadour français, almanach lyrique. *Paris, Louis Janet (vers 1820)* ; pet. in-12, cart., *non rogné*.   10 fr.

Joli petit recueil de Romances du temps de la Restauration, avec vignettes et musique gravées en taille-douce.

3922. **Chansons.** Nouveau recueil de chansons choisies, avec les airs notés. *A Genève, (Cazin), 1785* ; 4 vol. pet. in-12, veau fauve, dos orné, tr. dor.   30 fr.

Le tome 4e renferme les chansons libres et joyeuses.

3923. **Chansons.** Recueil manuscrit de chansons de Desaugiers, Béranger, et autres auteurs modernes. *S. l. n. d.* ; in-8, mar. vert, dos orné, large dent. à froid, tr. dor.   100 fr.

Une jolie miniature, médaillon représentant une scène de buveurs chantant, a été insérée et sertie au centre du premier plat.

3924. **Chassant** (Alph.). Nobiliana. Curiosités nobiliaires et héraldiques. *Paris, Aug. Aubry, 1858* ; in-12, br.   4 fr.

PAPIER VERGÉ.

3925. **Chassin** (Ch.-L.). La Vendée patriote. 1793-1800. *Paris, Paul Dupont, 1893-1895* ; 4 vol. in-8, br.   22 fr.

3926. **Chatauvillard.** Essai sur le Duel. *Paris, Bohairé, 1836* ; in-8, demi-rel. chagrin rouge, plats toile.   35 fr.

Rare Code du duel dont les préceptes font toujours loi. — Envoi sur le faux-titre.

3927. **Chateaubriand** (Fr.-Aug. de). Atala. René. *Paris, Le Nor-*

mant, 1805 ; in-12, demi-rel. mar. rouge, *non rogné*.   20 fr.

PREMIÈRE ÉDITION d'Atala publiée avec l'aveu de l'auteur, et première réunion des deux ouvrages Atala et René.

6 figures de *S.-B. Garnier* gravées par *Aug. de Saint-Aubin* et *P.-P. Choffard*. Exemplaire entièrement non rogné.

3928. Chateaubriand. Atala ou les amours de deux sauvages, suivi de René. *Paris, libr. des Bibliophiles,* 1877 ; in-16, br.   15 fr.

Compositions d'*Émile Lévy*, gravées à l'eau-forte par *Boutelié*. Dessins de *Giacomelli*, gravés sur bois par *Rouget* et *Sargent*.

L'un des 50 exemplaires tirés sur PAPIER DE CHINE.

3929. Chaumeton. Flore médicale décrite par MM. Chaumeton, Poiret, Chamberet ; peinte par Mᵐᵉ E. Panckoucke et M. J. Turpin. *Paris, impr. de Panckoucke,* 1842 ; 6 vol. in-4, pl., demi-rel. dos et coins de veau fauve, tête dor., *non rognés*.   85 fr.

350 planches en couleurs.

3930. Choderlos de Laclos. Les Liaisons dangereuses. Lettres recueillies dans une société et publiées pour l'instruction de quelques autres. *Paris, Pelafol,* 1820 ; 4 vol. in-12, br.   30 fr.

4 figures dessinées par *Canu*. — Rare.

3931. Choiseul-Gouffier. Voyage pittoresque de la Grèce. *Paris,* 1782-1809 ; 3 tomes en 2 vol. infol., demi-rel. veau.   120 fr.

1 portrait par *Dien* d'après *Bailly*, 18 fleurons par *Moreau le jeune*, 100 planches par *Choiseul-Gouffier, Hilair* et *Moreau*, gravées par *Choffard, Delignon, Dambrun, Duclos, Le Mire*, etc., et 24 cartes.

3932. Choix des plus belles roses, peintes d'après nature, imprimées en couleur et retouchées au pinceau. *Paris, Dusacq, s. d.* (*vers* 1848); in-fol., pl., demi-rel. chagrin violet. tête dor., *non rogné*. 50 fr.

60 belles planches coloriées avec soin. Légères mouillures.

3933. Chompré. Dictionnaire abrégé de la Fable. *Paris, Saillant et Nyon,* 1774; pet. in-12, veau. 3 fr.

3934. Chorier. Joannis Meursii Elegantiæ latini sermonis seu Aloisia sigæa Toletana de arcanis. Amoris et Veneris. Adjunctis quibusdam eroticis. *Lugd. Batavorum*

 ex typis, elzevirianis (*Parisiis, Coustellier*), 1757 ; 2 part. en un vol. in-8, front., veau, fil., tr. dor. (*Rel. anc.*).   30 fr.

Cette édition donnée par Moet, se recommande par les petites pièces latines placées à la fin de la seconde partie. Quelques-uues sont du XVIIIᵉ siècle.

3935. Chorier. Joannis Meursii Elegantiæ latini sermonis, seu Aloisia Sigæa Toletana de arcanis amoris et veneris. Adjunctis fragmentis quibusdam eroticis. *Londini* (*Parisiis, Cazin*), 1781 ; 2 vol. pet. in-12, front., veau.   8 fr.

Exemplaire fatigué.

3936. Chorier. Aloisiæ Sigeæ Toletanæ Satyra Sotadica de Arcanis Amoris et Veneris. Aloisia Hispanice scripsit. Latinitate donavit Joannes Meursius (re vera auctore Nicolao Chorier). *Parisiis, Is. Liseux,* 1885 ; in-12, br.   6 fr.

Ce livre, dont il a été fait d'innombrables éditions sous le titre de *Joannis Meursii Elegantiæ Latini sermonis*, est en réalité l'œuvre d'un jurisconsulte Français du XVIIᵉ siècle, Nicolas Chorier : un écrivain nourri du plus pur miel de l'Antiquité ; le dernier Classique latin, comme Bossuet est le dernier Père de l'Eglise. Déjà, il y a près d'un siècle et demi, les éditeurs de la Collection Barbou lui assignaient sa place, entre Virgile et l'*Imitation de Jésus-Christ*. Les Latinistes contemporains seront heureux de le retrouver ici, dans une édition plus correcte et plus lisible qu'aucune de ses devancières.

3937. Chronique (La) scandaleuse, ou Mémoires pour servir à l'histoire de la génération présente. *Paris, dans un coin où l'on voit tout,* 1785-1791 ; 5 tomes en 3 vol. in-12, demi-rel. bas.   35 fr.

Rare collection d'anecdotes délicates, rédigées par G. Imbert et autres.

3938. Ciceronis (M. Tullii) Opera Cum optimis exemplaribus accurate collata. *Lugd. Batavorum, ex officina Elzeviriana,* 1642; 10 tomes en 9 vol. pet. in-12, veau.   50 fr.

Le tome IX est en 301 pp. (Voyez Willems, les Elzeviers, nº 535). — Haut. : 126 mm.

3939. Cladel (Léon). L'Amour romantique. Préface par O. Uzanne. *Paris, Rouveyre et Blond,* 1882 ; in-8, demi-rel. dos et coins de mar. brun, *non rogné*.   12 fr.

Ouvrage illustré par *Ferdinandus*.

PAPIER VERGÉ. Rare. Couverture conservée.

Achat de Bibliothèques

3940. Claretie (Jules). Le Drapeau. *Paris, Calmann Lévy,* 1886 ; in-8, demi-rel. dos et coins de mar. brun, dos orné, tête dor., *non rogné* (*Bretault*).   250 fr.

Edition tirée à 225 ex. numérotés, illustrée de 13 vignettes de *Kauffmann*. 14 charmantes aquarelles originales ont été peintes dans les marges par *Sergent*.

3941. Claretie (Jules). Le Drapeau. Ouvrage couronné par l'Académie française. *Paris, Calmann Lévy,* 1886 ; pet. in-8, demi-rel. dos et coins de mar. rouge, *non rogné,* couv.   220 fr.

Un des 225 exemplaires imprimés sur PAPIER VÉLIN DU MARAIS avec les illustrations en trois états, dont l'eau-forte pure (n° 32).

3942. Colet (Louise). Ces petits Messieurs. *Paris, Dentu,* 1869 ; in-18, br., couv.   4 fr.

3943. Commines. Les Mémoires de Messire Philippe de Commines, Sr d'Argenton. Dernière édition. *A Leide, chez les Elzeviers,* 1648 ; pet. in-12, titre-front. gravé, mar. bleu, dos orné, fil., tr. dor. (*Hardy-Mennil*).   110 fr.

Hauteur : 130 mill.

3944. Confucius. La Morale de Confucius, philosophe de la Chine. *Londres (Cazin),* 1783 ; pet. in-12, portr., veau, tr. dor.   4 fr.

3945. Contes (Les) du Gay Sçavoir. Ballades, fabliaux et traditions du moyen âge, publiés par Ferd. Langlé, et orné de vignettes et fleurons imités des manuscrits originaux, par Bonington et Monnier. (*Paris*), *impr. par Firmin Didot pour Lami Denozan,* 1828 ; in-8, fig., demi-rel. veau, dos orné, fil.   25 fr.

Curieuses figures de *Bonington* et de *Henri Monnier.* Lettres initiales coloriées

3946. Contes en vers imités du moyen de Parvenir, par Autreau, Dorat, Grécourt, La Fontaine, La Monnoye, Plancher de Valcour, Regnier, Vergier, etc. Avec les imitations de M. le comte de Chevigné et d'Epiphane Sidredoulx. Publiés par un membre de la Société des bibliophiles gaulois. *Paris, L. Willem,* 1874 ; in-8, fig., cart. toile, *non rognés.*   10 fr.

Ce livre, publié comme suite au Moyen de Parvenir, n'a été tiré qu'à 500 exemplaires, tous sur PAPIER VERGÉ.

3947. Corneille (Pierre). Le Théâtre de P. Corneille. Reveu et corrigé par l'autheur. *Imprimé à Rouen et se vend à Paris, chez Th. Jolly,* 1664 ; 2 vol. in-fol., portr. et front. gravé, mar. rouge, dos orné, large dent., comp., tr. dor. 300 fr.

Édition dont le texte a été revu par Corneille pour la 3e fois. Très bel exemplaire avec témoins, provenant de la bibliothèque de M. Ambroise DIDOT.

3948. Corneille. Chefs-d'Œuvre de P. Corneille. *Paris, L. de Bure,* 1824 ; 4 vol. in-16, portr., demi-rel. chagr. rouge, tête dor., *non rognés.*   12 fr.

Jolie petite édition imprimée par Firmin-Didot.

3949. Coste (F. Hilarion de). Les Eloges de nos rois, et des enfans de France, qui ont esté daufins de Viennois, comtes de Valentinois et de Diois. Avec des remarques curieuses du Pais et de la noblesse de Daufiné, où se voient aussi plusieurs armoiries blasonnées des Maisons de ce Royaume et des Pais étrangers. *Paris, S. Cramoisy,* 1643 ; in-4, mar. bleu, dos fleurdelisé, fil., tr. dor. (*Capé*).   85 fr.

3950. Costume du Moyen-Age d'après les manuscrits, les peintures et les monuments contemporains (par Van Beveren du Pressoir). *Bruxelles,* 1847 ; 2 vol. in-8, demi-rel. chagr. La Vallière.   50 fr.

148 planches de Costumes et de Coiffures finement coloriées.

3951. Costumes parisiens, à l'époque de la Restauration ; 3 vol. in-8, demi-rel. dos et coins de veau.   250 fr.

252 planches finement coloriées de costumes de femmes et d'hommes, extraites du Journal des Dames et des Modes, années 1822, 1824 et 1825.

3952. Costumes. Journal des Dames et des Modes. 25 avril 1824-31 mars 1825. 68 nos en un vol. in-8, demi-rel. bas.   75 fr.

Collection de 79 planches en couleurs de costumes de femmes et d'hommes de l'époque de la Restauration, finement gravées en taille-douce.

3953. Costumes. Modes françaises, ou histoire pittoresque du Costume en France, depuis le mois d'août

1818. *Paris, Pierre Blanchard,* 1821 ; 3 vol. in-8, cart., *non rognés.* 150 fr.

Ces trois volumes sont illustrés de 149 charmantes figures (sur 150) de modes féminines et masculines, très finement coloriées. Le 1ᵉʳ vol. (août 1818-février 1820) comprend 50 pl. — Le tome II (mars-novembre 1820), 50 pl. — et le tome III (novembre 1820-juillet 1821), 49 pl. (le nᵒ 143 manquant).

3954. Costumes. Petit Courrier des Dames. Journal des Modes. *Paris,* 1832-1836 ; 3 vol. in-8, demi-rel. veau vert, et cart.   75 fr.

1ᵉʳ vol. (5 août-31 décembre 1832) 30 nᵒˢ avec 40 planches. — 2ᵉ vol. (5 janvier-31 juillet 1833) 42 nᵒˢ avec 57 pl. — 3ᵉ vol. (5 juin-30 novembre 1836) 36 nᵒˢ avec 44 pl. — Ensemble 141 planches en taille-douce finement coloriées.

3955. Costumes. Petit Courrier des Dames. Journal des modes. *Paris,* 1832 ; in-8, cart.   15 fr.

Ce volume renferme : tome XXII, nᵒˢ 33 et 34 : 2 pl. — Tome XXIII, nᵒˢ 7 à 10, 15 à 20, 23 à 30, 35 et 36 : 25 pl. — Tome XXIV (1833), nᵒ 2, 1 pl. — Ensemble 28 planches en taille-douce finement coloriées.

3956. Couillard (Antoine). Les Antiquitez et Singularitez du Monde, par le Seigneur du Pavillon prés Lorriz. *Paris, Jean Dallier,* 1557 ; pet. in-8, mar. brun, dos orné, enc. de fil., tr. dor.   100 fr.

Rare édition que seul Du Verdier a connue et bien datée. Elle est dédiée à Gaspard de Coligny, « admiral de France ».

On trouve à la fin de la dédicace la devise d'Antoine Couillard : « *On t'a ci rendu loial* », répétée à la fin du volume, qui donnerait en anagramme, si les premières ligne du « Proeme » ne le faisait connaître, le nom véritable de l'auteur.

3957. Courtépée. Histoire abrégée du duché de Bourgogne, depuis les Eduens, les Lingons et les Sequanois jusqu'à la réunion de la province à la couronne sous Louis XI. *Dijon, Causse,* 1777 ; in-12, veau, dos orné (*Rel. anc.*).   6 fr.

3958. Cousin (Le) de Mahomet (par Fromaget). *Constantinople (Paris, Cazin),* 1786 ; 2 tomes en un vol. pet. in-12, veau.   4 fr.

3959. Crébillon. Œuvres. Nouvelle édition, augmentée de la vie de l'auteur. *Paris,* 1772 ; 3 vol. in-12, portr., veau.   5 fr.

3960. Dauphiné. Vues pittoresques de l'ancienne France, lithographiées d'après nature. *Paris,* 1840 ; in-fol., cart., *non rogné.*

GRENOBLE, 67 pl.   60 fr.
VALENCE et ses environs, 38 pl. 35 fr.
VIENNE et ses environs, 38 pl. 35 fr.

3961. Davillier (Baron Ch.). L'Antiquaire ; comédie en trois actes, 1751. *Paris, Aug. Aubry,* 1870 ; in-12, br.   4 fr.

PAPIER VERGÉ.

3962. Delacroix (Eugène). L'Œuvre complet, peintures, dessins, gravures, lithographies, catalogué et reproduit par A. Robaut, commenté par E. Chesneau. *Paris, Charavay,* 1885 ; in-4, *broché.* 25 fr.

Portrait et nombreuses vignettes reproduisant des tableaux du maître.

3963. Delille. Le Malheur et la Pitié, poème en 4 chants. *Londres, Dulau,* 1803 ; in-4, mar. rouge, dos orné, dent., tr. dor.   125 fr.

Bel exemplaire orné d'un frontispice et de 4 portraits de la famille royale : Louis XVI, Marie-Antoinette en habit de chasse, Mᵐᵉ Elisabeth et le Dauphin, gravés par *Audinet.*

3964. Delvau. Au bord de la Bièvre. Impressions et Souvenirs, par Alfred Delvau. *Paris, Imprimerie Preve,* 1854 ; in-12, br., couv.   15 fr.

ÉDITION ORIGINALE.

3965. Delvau. Les Sonneurs de Sonnets. 1540-1866. *Paris, Bachelin-Deflorenne,* 1867 ; in-16, demi-rel. dos et coins de mar. bleu, dos orné, tête dor., *non rogné (Bretault).*   15 fr.

PAPIER DE HOLLANDE.

3966. Denon (Vivant). Voyage dans la basse et la haute Egypte pendant les campagnes du général Bonaparte. *Paris, Impr. de P. Didot,* 1802 ; 2 vol. in-fol., cart., *non rognés.*   80 fr.

141 planches.

3967. Dermoncourt (Gˡ). La Vendée et Madame. *Bruxelles, Crickx,* 1833 ; in-12, cart.   3 fr.

3968. Descamps. La Vie des Peintres flamands, allemands et hollandais avec des portraits gravés en taille-douce. *Paris, Desaint et Saillant,* 1753-1764 ; 4 vol. in-8, brochés.   40 fr.

168 portraits gravés par *Ficquet, Gaillard, Legrand, Sornique,* etc.

Achat de Bibliothèques

3969. **Deshoulières**. Œuvres choisies de Mme et de Mlle Deshoulières. *Londres (Cazin)*, 1780 ; pet. in-12, portr., veau, tr. dor. 4 fr.

3970. **Desmahis**. Œuvres complettes de M. Desmahis. Nouvelle édition, augmentée de plusieurs pièces. *Maestricht, J.-E. Dufour*, 1777 ; in-12, demi-rel. chagr. vert, dos orné, tête dor., *non rogné*. 4 fr.

3971. **Desportes** (Philippe). Cent psaumes de David, mis en vers françois par Philippe Des-portes, abbé de Thiron, avec quelques cantiques de la Bible et autres œuvres chrétiennes et prieres. *Paris, Mamert Patisson*, 1598 ; pet. in-8, réglé, veau fauve, dos orné, fil., tr. marbr. 25 fr.

Bel exemplaire.

3972. **Desportes**. Les Premières Œuvres de Philippe Des Portes, revues et corrigées et augmentées outre les précédentes impressions. *En Anvers, par Hermann Mersman*, 1582 ; in-16, mar. vert, dos orné, fil. tr. dor. (*A. Bertrand*). 65 fr.

Jolie petite édition imprimée en caractères italiques.

3973. **Desportes**. Les Œuvres de Philippe des Portes, revues, corrigées et augmentées. *Anvers, Arnould Coninx*, 1591 ; in-12, mar. brun, dos orné, fil., tr. dor. (*Chambolle-Duru*). 60 fr.

Très bel exemplaire.

3974. **Desportes** (Philippe). Les Premières Œuvres de Philippe Des-Portes. Dernière édition revue et augmentée. *Paris, Mamert Patisson*, 1600 ; pet. in-8, mar. bleu, dos orné, dent., doublé de mar. rouge, dent., tr. dor. (*Chambolle-Duru*). 250 fr.

Très bel exemplaire de l'une des plus belles éditions, imprimée en caractères italiques, des poésies d'un des meilleurs poètes antérieurs à Malherbe.

3975. **Détail** (Le) de la France sous le règne de Louis XIV (par Le Pesant de Bois-Guilbert). *S. l.*, 1697 ; in-12, veau. 10 fr.

3976. **Devise** (La) des Armes des Chevaliers de la Table ronde, lesquels estoyent du très renommé et vertueux Artus, roy de la grand Bretaigne. Avec la description de leurs armoiries. *Lyon, Benoist Rigaud*, 1590 ; in-16 de 192 pp. chiffr., veau fauve, tr. rouge. 50 fr.

Petit volume fort rare, imprimé en lettres rondes et renfermant 177 blasons imaginaires des chevaliers de la Table ronde.

3977. **Devoirs** (Des) des Seigneurs dans leurs terres, suivant les ordonnances de France (par le duc de Luynes). *Paris, Pierre le Petit*, 1668 ; in-12, veau. 5 fr.

3978. **Dialogue** sur la Musique des Anciens (par l'abbé de Chateauneuf). *Paris, Vve Pissot*, 1735 ; in-12, demi-rel. chagrin brun. 4 fr.

Planches en taille-douce.

3979. **Dictionnaire** contenant les Anecdotes historiques de l'Amour, depuis le commencement du monde jusqu'à ce jour (par Mouchet). Seconde édition revue, corrigée et augmentée par l'auteur. *Troyes, Gobelet*, 1811 ; 5 vol. in-8, demi-rel. bas. 40 fr.

Ouvrage curieux et rare.

3980. **Dissertations** mêlées sur divers sujets importans et curieux. (Recueillies par Frédéric Bernard). *Amsterdam, Bernard*, 1740 ; 2 vol. in-12, veau. 8 fr.

Ces deux volumes renferment 10 dissertations ou mémoires sur la religion, l'âme, le martyre, les juifs, etc.

3981. **Dissertations** sur la mouvance de la Bretagne par rapport au droit que les ducs de Normandie y prétendoient et sur quelques autres sujets historiques. (Par Claude du Moulinet, abbé des Thuileries). *Paris, Fr. Fournier*, 1711 ; in-12, veau. 4 fr.

Cette dissertation est dirigée contre l'histoire de Bretagne de dom Lobineau.

3982. **Dolet**. Étienne Dolet, le martyr de la Renaissance, sa vie et sa mort, ouvrage traduit de l'anglais sous la direction de l'auteur Richard Copley Christie par Casimir Stryienski. *Paris, Fisbacher*, 1886 ; in-8, *broché*. 5 fr.

État de neuf, publié à 15 francs.

3983. **Droz** (G.). MONSIEUR, MADAME ET BÉBÉ. Edition illustrée par Edmond Morin et ornée d'un portrait de l'auteur en frontispice, gravé par Léopold Flameng. *Paris, V.*

Havard, 1878 ; gr. in-8, mar. bleu, gerbe de fleurs en mosaïque de mar. rouge, bleu, vert et citron sur le plat supérieur, doubl. et gardes de soie brochée, tr. dor. sur fausses marges, couv. conserv., étui (*Canape*).   1000 fr.

Exemplaire tiré sur PAPIER DE CHINE. Très jolie reliure de Canape.

3984. Du Bartas. Les Œuvres poétiques et chrestiennes de G. de Saluste, seigneur du Bartas. En cette nouvelle édition est contenu tout ce qu'a esté mis en lumière dudit autheur tant avant qu'après son décès. *Lyon, Ancelin*, 1607 ; in-24 de 396 ff., mar. brun jans., tr. dor. (*Trautz-Bauzonnet*) 50 fr.

Jolie édition en très petits caractères.

3985. Du Bartas. Commentaires sur la Sepmaine de la Création du Monde, de Guillaume Saluste, sieur du Bartas. Le tout diligemment reveu et corrigé outre les précédentes impressions. *Rouen, Raphael du Petit-Val*, 1589 ; in-12, vélin à recouvrements.   20 fr.

Ce Commentaire de la Semaine est de Simon Goulart.

3986. Dubuisson. Armorial des principales maisons et familles du Royaume, particulièrement de celles de Paris et de l'Isle de France. *Paris, Guérin et Delatour*, 1757 ; 2 vol. in-12, mar. rouge, dos orné, fil., tr. dor. (*Capé*).   150 fr.

L'un des meilleurs ouvrages héraldiques du XVIIIe siècle, contenant un frontispice de *N. Lemire* et 3,255 blasons gravés en taille-douce, donnant les armoiries des familles les plus réputées de cette époque. Rare et en parfait état de conservation.
Bel exemplaire.

3987. Duclos. Acajou et Zirphile, conte. *A Minutie*, 1744 ; in-4, veau fauve, dos orné, fil., tr. dor. (*Pasdeloup*).   80 fr.

Un frontispice et 9 figures par *Boucher* gravées par *Chedel*, un fleuron sur le titre, une vignette et un cul-de-lampe.
Exemplaire en GRAND PAPIER.

3988. Duflos le jeune. Recueil d'estampes représentant les grades, les rangs et les dignités, suivant le costume de toutes les nations existantes. *Paris, Duflos*, 1780 ; in-fol., veau fauve.   600 fr.

Très beau recueil contenant 224 planches

(sur 264) gravées à l'eau-forte par *Duflos*, très fimenent coloriées et rehaussées d'or.

3989. Duhamel du Monceau. Traité des Arbres et arbustes que l'on cultive en pleine terre, par Duhamel. Seconde édition considérablement augmentée. *Paris, Et. Michel*, 1800-1815 ; 6 vol. in-fol., cart., *non rognés.*   150 fr.

Frontispice et 428 planches dessinées par *Redouté*, gravées en taille-douce et très finement coloriées.

3990. Du Laurens. Le Compère Mathieu, ou les bigarrures de l'esprit humain. Nouvelle édition ornée de belles figures. *A Malthe, aux dépens du grand maitre*, 1786 ; 4 vol. pet. in-12, veau, tr. dor. 12 fr.

Édition publiée par Cazin, ornée de 12 jolies figures finement gravées, non signées.

3991. Dunker. Esquisses pour les artistes et amateurs des arts sur Paris. 96 figures gravées à l'eauforte dont l'explication se trouve dans le Tableau de Paris, par Mercier. (*Yverdon*, 1785) ; in-4, cart. (*Lemardeley*).   200 fr.

Très bel exemplaire de la suite, très rare, de *Dunker*, en épreuves de PREMIÉR TIRAGE.
Recueil des plus intéressants pour l'histoire des mœurs et coutumes de Paris à la fin du XVIIIe siècle.

3992. Dupuy Demportes (J.-B.). Traité historique et moral du Blason. *Paris, Jombert*, 1754 ; 2 vol. in-12, veau.   5 fr.

3993. Du Tillot. Mémoires pour servir à l'histoire de la fête des foux qui se faisoit autrefois dans plusieurs églises. *Lausanne et Genève*, 1751 ; pet. in-8, veau. 10 fr.

12 planches grav. par *B. de Poilly*. Bel exemplaire.

3994. Duval (Emile). Talma. Précis historique sur sa vie, ses derniers momens et sa mort. *Paris, Mansut*, 1826 ; in-16, portr., br. 2 fr.

3995. Eisenberg (Baron d'). Description du Manège moderne dans sa perfection, expliqué par des leçons necessaires et representé par des figures exactes, depuis l'assiette de l'homme à cheval jusqu'à l'arrest. *Londres*, 1728 ; in-fol., veau marbré, dos orné, dent. et milieux, tr. dor. (*Rel. anc.*).   100 fr.

Très bel exemplaire, d'une conservation

parfaite, orné de 55 planches, démontrant les attitudes diverses du cavalier, et de 4 planches de mors.

3996. Elemens de Poësie françoise (par l'abbé Claude Joannet). *Paris*, 1752 ; 3 vol. pet. in-12, veau. 7 fr.

Les rédacteurs de l'Encyclopédie ont mis ce petit ouvrage à contribution, sans en citer l'auteur.

3997. Élite des Bons mots et des pensées choisies, recueillies avec soin des plus célèbres auteurs et principalement des livres en Ana. *Amsterdam, Jacq. Desbordes,* 1725 ; in-12, demi-rel. bas., *n. rogné.* 8 fr.

3998. Éloge des perruques, enrichi de notes plus amples que le texte, par le docteur Akerlio. *Paris, Maradan, impr. de Crapelet*, 7 (1807); in-12, cart., *non rogné.* 4 fr.

3999. Entrée. La Marche Royale de Leurs Majestez depuis le Chasteau de Vincennes jusqu'au Throsne, et du Throsne jusqu'au Louvre le jour de leur magnifique Entrée en leur bonne Ville de Paris. *Paris, Loyson*, 1660 ; in-4 de 8 pp., mar. rouge, tr. dor. (*Petit*). 40 fr.

Exemplaire très grand de marges. Armes royales sur les plats de la reliure.

4000. Épigrammes anecdotiques inédites, concernant des hommes célèbres et des événements mémorables de nos jours, avec des commentaires et des pièces justificatives. Par l'Hermite de la Chaussée du Maine (Ant. Sérieys). *Paris, Vve Perronneau et Delaunay,* 1814; in-12, front., demi-rel. veau. 4 fr.

4001. Essai sur l'Education de la Noblesse, par M. le chevalier de ** (Brucourt). *Paris, Durand*, 1748 ; 2 vol. in-12, bas. 6 fr.

Frontispice, vignette de titre et en-tête par *Pierre* gravés par *Et. Fessard.*

4002. Estienne (Henri). Apologie pour Hérodote, ou traité de la conformité des merveilles anciennes avec les modernes. Avec des remarques par M. Le Duchat. *La Haye, H. Scheurleer*, 1735; 2 tomes en 3 vol. in-12, mar. rouge jans., tr. dor. (*Brany*). 60 fr.

Frontispices gravés.

4003. État général de la Marine, an bissextil 1812. *Paris, Testu ;* pet. in-12, veau rac., dos orné, tr. dor. 5 fr.

4004. Évangiles (les Saints). Trad. de Le Maistre de Saci. *Paris, impr. impériale*, 1862 ; in-fol., front. et vign., mar. La Vallière, orn. à froid, dent. int., tr. dor. 150 fr.

Bel exemplaire en GRAND PAPIER VÉLIN dans une excellente reliure.

4005. Évangiles (Les Saints). Traduction tirée des Œuvres de Bossuet, par M. H. Wallon. *Paris, Hachette et C*ie, 1873 ; 2 vol. in-fol., mar. rouge, dos orné, comp. de fil., milieux, tr. dor. 400 fr.

Magnifique publication ; l'un des plus beaux livres publiés au XIXe siècle, illustré d'un très grand nombre de compositions de *Bida*, gravées par *Hédouin, Bracquemond, Nanteuil, Flameng, Veyrassat* et autres, et d'une multitude de lettres ornées, d'en-têtes et de culs-de-lampe dessinés par *Rossigneux*.

4006. Favart. Œuvres choisies. *Paris, P. Didot l'ainé et Firmin Didot*, 1812-1813; 3 vol. in-12, br. 5 fr.

Édition stéréotype tirée sur GRAND PAPIER VÉLIN.

4007. Felibien des Avaux. Description de l'Eglise royale des Invalides (par Félicien des Avaux). *Paris (de l'imprimerie de J. Quillau)*, 1706; in-fol., pl., mar. rouge, dos et coins fleurdelisés, fil., tr. dor. (*Rel. anc.*). 150 fr.

Aux armes de France.

Frontispice représentant le Jardin et l'Hôtel des Invalides, plan, nombreux entête, lettres ornées, culs-de-lampe, bordures gravées à chaque page. — On a ajouté à l'exemplaire un Plan général de l'Eglise royale des Invalides, gravé par De Fer en 1714.

4008. Féminies. Huit Chapitres inédits dévoués à la Femme, à l'Amour, à la Beauté, par Gyp, Abel Hermant, Henri Lavedan, Marcel Schwob et Octave Uzanne. *Paris, Imprimé pour les Bibliophiles Contemporains*, 1896 ; in-8, mar. citron, compositions de tiges de bleuets en mosaïque de mar. vert, la Vallière, grenat et bleu sur le dos et les plats, doubl. e. gardes de soie brochée, double encadr. de 3 fil. à l'int., tr. dor. sur fausses marges, couv. conserv., étui (*Canape*). 800 fr.

Ouvrage tiré à 183 exemplaires numérotés et non mis dans le commerce.
Illustré de 1 frontispice en couleurs par *Kratké* et de 8 frontispices dessinés et

gravés à l'eau-forte par *Félicien Rops*, en 2 états : en noir avec remarque et imprimés en couleurs à la poupée.

Encadrements en couleurs et vignettes dans le texte par *Rudnicki*.

4009. Fénelon. Les Avantures de Télémaque, fils d'Ulysse. Nouvelle édition augmentée et corrigée sur le manuscrit original de l'auteur. *Londres, Jean Hofhout*, 1757 ; 2 vol. in-12, veau.   6 fr.

Figures en taille-douce gravées par *G.-D. Heumann*.

4010. Fénelon. Lettres sur divers sujets concernant la religion et la métaphysique. *Paris, Florentin Delaulne*, 1718; in-12, veau. 5 fr.

ÉDITION ORIGINALE. La préface est de Ramsay.

4011. Fénelon. Œuvres philosophiques ou démonstration de l'existence de Dieu. *Amsterdam, L'Honoré et Chatelain*, 1721 ; in-12, portr., vélin.   6 fr.

4012. Flèches (Les) d'Apollon ou nouveau recueil d'Epigrammes anciennes et modernes. *Londres (Cazin)*, 1787 ; 2 vol. in-18. bas. 5 fr.

4013. Fléchier. Oraisons funèbres. *Parsi, Ant.-Aug. Renouard*, 1802 ; 2 tomes en 1 vol. in-12, portr., veau marbr., dos orné, dent., tr. dor.   10 fr.

4014. Foë. La Vie et les Aventures surprenantes de Robinson Crusoé. *A Londres (Cazin)*, 1784 ; 4 vol. in-18, veau, dos orné, tr. dor.   25 fr.

14 jolies figures de *B. Picart* gravées par *Chatelain*.

4015. Folengo. Opus Merlini Cocaii poetæ Mantuani macaronicorum. *Amstelodami, apud Abrah. à-Someren*, 1692 ; pet. in-8, vélin à recouvrements.   12 fr.

Edition reproduisant celle de 1521. Elle est illustrée d'un portrait et de jolies vignettes dans le texte gravés sur cuivre.

4016. Fouquet (Procès de Nicolas). *Amsterdam, Daniel Elzevir*, 1665-1668 ; 16 vol. pet. in-12, veau fauve.   50 fr.

Cette collection, imprimée par Daniel Elzevier d'Amsterdam, comprend : Traité du péculat, Factums de M. Fouquet, 2 parties. (Ces 3 vol. avec le titre renouvelé au nom de la veuve Cramoisy et la date de 1696). — Recueil des dépenses de M. Fouquet, 2 vol. — De la production de M. Fouquet contre celle de M. Talon, et sa continuation, 6 vol. — Réponse de M. Fouquet à la réplique de M. Talon, 1 vol. — Suite de la continuation sur la production des procès-verbaux, 1 vol. — Inventaire des pièces baillées à la Chambre de justice, 2 vol. — Conclusions des défenses de M. Fouquet, 1 vol.

Exemplaire mesurant 130 mm. de hauteur.

4017. Froger. Relation d'un voyage fait en 1695, 1696 et 1697 aux côtes d'Afrique, détroit de Magellan, Brésil, Cayenne et isles Antilles par une escadre commandée par M. de Gennes. *Amsterdam, les héritiers d'Ant. Schelte*, 1699 ; in-12, veau.   5 fr.

Planches sur cuivre.

4018. Furetière. Essais d'un Dictionnaire universel contenant généralement les mots françois tant vieux que modernes. *Amsterdam, H. Desbordes*, 1685. — Factum pour Messire Antoine Furetière, abbé de Chalivoy, contre quelques-uns de l'Académie françoise. *Amsterdam, H. Desbordes*, 1685. Ens. en un vol. pet. in-12, veau. 8 fr.

4019. Gage (Le) touché, histoires galantes et comiques. *Amsterdam, Pierre Marteau*, 1761 ; 2 tomes en 1 vol. in-12, veau granit, dos orné, fil. (*Rel. anc.*).   10 fr.

Ouvrage attribué, mais sans certitude, à Eustache le Noble; il est orné de 8 figures en taille-douce.

4020. Galerie de l'ancienne Cour ou mémoires anecdotes pour servir à l'histoire des règnes de Louis XIV et de Louis XV. *S. l. (Paris)*, 1786 ; 3 vol. in-12, bas.   10 fr.

Anecdotes sur les princes, les ministres, les littérateurs, etc.

4021. Garat. Précis historique de la vie de M. de Bonnard. *Paris, impr. de Monsieur (Didot)*, 1785; pet. in-12, veau.   5 fr.

On a relié à la suite : Essai d'une version fidèle de la Jérusalem délivrée. *S. l. n. d. (Paris, Didot)*. — Tributs offerts à l'Académie de Marseille, par M. de Pastoret. *Paris, Jombert*, 1782. — Discours en vers sur l'union qui doit régner entre la magistrature, la philosophie et les lettres par M. de Pastoret. *Paris*, 1783.

Tous ces ouvrages sortent des presses de Didot.

4022. Gasconiana, ou recueil des bons mots, des pensées les plus plaisantes, et des rencontres les plus vives des gascons. *Suivant la*

Achat de Bibliothèques

copie de Paris, à Amsterdam, chez François l'Honoré, 1708 ; pet. in-12, demi-rel. dos et coins de chagr. rouge, tête dor., *non rogné*. 8 fr.

4023. **Gaya** (L. de). Histoire généalogique et chronologique des Dauphins de Viennois, depuis Guigues I jusques à Louis V, fils du roy Louis-le-Grand, embellie d'arbres généalogiques et de blasons. *Paris, Est. Michallet*, 1683 ; in-12, demirel. bas. 7 fr.

Planches généalogiques gravées en taille-douce.

4024. **Gessner** (Salomon). Œuvre (gravé). *S. l. (Zurich) n. d.* ; 2 vol. in-fol., demi-rel. bas. 100 fr.

Recueil tiré à 25 exemplaires seulement et composé de 166 planches, contenant 336 sujets dessinés et gravés par *Gessner*, auquel on a ajouté le portrait de Salomon Gessner gravé par *H. Lips* d'après *Ant. Graff.*

4025. **Gessner**. Œuvres complètes. *S. l. n. d. (Cazin, 1778)* ; 3 vol. pet. in-12, veau, tr. dor. 10 fr.

3 frontispices de *Marillier* et 1 portrait de l'auteur gravés par *Delvaux*.

4026. **Gessner**. Œuvres complètes. *S. l. n. d. (Paris, Cazin, 1779)* ; 3 vol. pet. in-12, veau, dos orné, tr. dor. 30 fr.

3 frontispices, 1 portrait et 12 figures par *Marillier* gravées par *Delvaux*.

4027. **Girard**. Traité des Usemens ruraux de Basse-Bretagne, où l'on parle de tout ce qui peut favoriser les progrès de l'Agriculture. *Quimper, Marin Blot*, 1774; in-12, veau. 4 fr.

Première partie seule.

4028. **Goldsmith**. Le Ministre de Wakefield. Histoire supposée écrite par lui-même. *Londres et Paris*, 1767 ; 2 vol. in-12, veau. 5 fr.

La traduction française de cet ouvrage a été attribuée à Mᵐᵉ de Montesson, à Rose et à un M. Charlos, avocat au Parlement.

4029. **Goncourt** (Ed. et J. de). La Femme au dix-huitième siècle. Nouvelle édition, revue, augmentée et illustrée de soixante-quatre reproductions sur cuivre par Dujardin, d'après les originaux de l'époque. *Paris, Firmin Didot*, 1887 ; gr. in-8 carré, mar. La Vallière clair, dos orné, comp. de fil., angles à l'oiseau, tr. dor. sur fausses marges, couv. cons., étui (*Canape*). 500 fr.

L'un des 75 exemplaires numérotés tirés sur papier du Japon, contenant une double suite, en bistre, des gravures en couleur.

4030. **Goncourt** (Ed. et J. de). Madame de Pompadour. Nouvelle édition revue et augmentée de lettres et documents inédits, illustrée de cinquante-cinq reproductions sur cuivre par Dujardin et deux planches en couleur par Quinsac, d'après des originaux de l'époque. *Paris, Firmin Didot*, 1888 ; gr. in-8 carré, mar. La Vallière clair, dos orné, comp. de fil. sur les plats, coins dorés à l'oiseau, tr. dor. sur fausses marges, couv. conserv., étui (*Canape*). 400 fr.

Un des 75 exemplaires numérotés sur papier du Japon.

4031. **Gonse** (Louis). L'Art gothique. — L'Architecture. — La Peinture. — La Sculpture. — Le Décor. — *Paris, Librairies-Imprimeries réunies, s. d.* ; gr. in-4 carré, demirel. mar. vert foncé avec coins, dos orné genre gothique, tête dor., *non rogné* (*Canape*). 200 fr.

Ouvrage entièrement épuisé et orné de 282 illustrations dessinées par *Boudier* et intercalées dans le texte, et de 28 planches hors texte comprenant : 4 eaux-fortes, 6 aquarelles reproduites typographiquement en couleurs, 2 chromolithographies, 12 héliogravures et 4 photogravures.

Un des 25 exemplaires numérotés sur papier du Japon contenant une double suite sur Japon des planches hors texte, avant la lettre pour les eaux-fortes, les chromolithographies et héliogravures et les photogravures, et avec la lettre pour les aquarelles typographiques.

4032. **Goudeau** (Émile). Paysages parisiens. Heures et Saisons. Illustrations composées et gravées sur bois et à l'eau-forte par Auguste Lepère. *Paris, imprimé pour Henri Béraldi*, 1892; gr. in-8, mar. citron, encadr. de fil. droits, brisés et entrecroisés sur le dos et les plats, doubl. et gardes de soie marron, bordure int. de 7 fil., tr. dor. sur fausses marges, couv. conserv., étui (*Canape*). 1.000 fr.

Tirage unique à 138 exemplaires numérotés sur papier vélin du Marais.

4033. **Grécourt**. Œuvres diverses. Nouvelle édition avec figures. *Londres (Cazin)*, 1780 ; 4 vol. pet. in-12, veau fauve, dos orné, tr. dor. 12 fr.

4 figures non signées.

Et de Livres anciens et modernes

4034. Grenade (R. P. F. Louys de). Le Miroir de la vie humaine, traduit nouvellement en françois par Jean Chabanel, tholosain. *Paris, Robert le Fizelier*, 1584 ; in-16, veau.   10 fr.

     Légères mouillures.

4035. Gueret. Le Parnasse réformé et la guerre des auteurs. *La Haye, Neaulme,* 1716; in-12, veau.   3 fr.

4036. Guiffrey (Jules). Histoire de Tapisserie depuis le moyen âge jusqu'à nos jours. *Tours, Alfr. Mame,* 1886 ; gr. in-8, br.   15 fr.

     Bel ouvrage illustré d'un très grand nombre de planches en noir et en chromolithographie.

4037. Haraucourt (Edmond). L'Effort — La Madone — L'Antechrist — L'Immortalité — La Fin du Monde. *Paris, publié pour les Sociétaires de l'Académie des Beaux Livres, Bibliophiles Contemporains,* 1894 ; gr. in-8 carré, mar. tête de nègre, grande composition en mosaïque de mar. La Vallière et brun, sur le plat supérieur, doubl. et gardes de soie brochée, tr. dor. sur fausses marges, couv. conserv., étui (*Canape*).   800 fr.

     Édition illustrée par *Lunois, Eugène Courboin, Carloz Schwabe, A. Massé,* etc., et tirée à 160 exemplaires numérotés pour les membres de la Société.

4038. Havard (Henry). L'Art à travers les mœurs. Illustrations par C. Goutzwiller. *Paris, G. Decaux; A. Quantin,* 1882 ; in-4, demi-rel. dos et coins de mar. rouge, dos orné, tête dor., *non rogné,* couv. conserv. (*Canape*).   100 fr.

     Ouvrage illustré de plusieurs centaines de dessins dans le texte et de 25 grandes planches hors texte gravées sur bois ou en héliogravure.

     Un des 100 exemplaires numérotés sur papier de Hollande avec les héliogravures en 2 états : avant la lettre, sur Chine monté, avec la lettre sur papier Whatman.

4039. Havard (Henry). L'Art à travers les mœurs. *Paris, Decaux,* 1882 ; gr. in-8, br.   15 fr.

     Illustrations de *Goutzwiller.*

4040. Havard (Henry). L'Art dans la maison. Grammaire de l'Ameublement. *Paris, E. Rouveyre,* 1884 ; gr. in-4, pl., br.   80 fr.

     Un des 25 exemplaires sur papier du Japon (n° 12). Publié à 200 francs.

     Belles planches hors texte et nombreuses vignettes dans le texte.

4041. Helyot (le Père). Histoire des Ordres monastiques, religieux et militaires, et des congrégations séculières de l'un et de l'autre sexe qui ont été établies jusqu'à présent, leur origine, leur fondation, avec les vies de leurs fondateurs. *Paris, Coignard,* 1714-1719 ; 8 vol. in-4, veau. (*Rel. anc.*).   130 fr.

     Bel ouvrage orné de 812 figures de costumes de religieux et de religieuses, gravées en taille-douce.

4042. Histoire de la Philosophie hermétique. Accompagnée d'un catalogue raisonné des écrivains de cette science (par l'abbé Lenglet-Dufresnoy). *Paris, Coustelier,* 1742; 3 vol. in-12, veau.   25 fr.

     Curieux ouvrage, précieux par la bibliographie dont se compose le troisième volume.

4043. Histoire de la princesse de Montferrat (par Bourreau-Deslandes). *A Londres,* 1749 ; in-12, front., veau.   3 fr.

     Delandes n'est que l'éditeur de cette nouvelle dont l'auteur est resté inconnu.

4044. Histoire de la ville de Lille, depuis sa fondation jusqu'en l'année 1434, par M. de M. C. D. S. P. D. L. et de la Société littéraire d'Arras (l'abbé de Montlinot, chanoine de Saint-Pierre de Lille). *Paris, Panckoucke,* 1764 ; in-12, bas.   7 fr.

4045. Histoire de Marguerite de Valois, reine de Navarre, sœur de François Ier (Par Mlle de Caumont-La Force). *Amsterdam, Pierre Mortier,* 1745 ; 2 vol. in-12, veau. (*Rel. anc.*).   6 fr.

4046. Histoire des contes (*sic*) d'Hollande, et estat et gouvernement des provinces unies du Pays-Bas. (Traduite du latin de Scriverius). *La Haye, Adr. Vlaq,* 1664 ; pet. in-12, vélin.   4 fr.

     Le titre porte la signature d'Anisson-Duperron.

4047. Histoire (L') des Grecs, ou ceux qui corrigent la fortune au jeu (par le chevalier Goudar). *La Haye,* 1758 ; 3 parties en un vol. in-12, veau fauve.   8 fr.

     Exemplaire aux armes du duc de Larofoucauld.

Achat de Bibliothèques

4048. HISTOIRE DES QUA-TRE FILS AYMON, très nobles et très vaillants chevaliers. Illustrée de compositions en couleurs par Eugène Grasset. Gravure et impression par Charles Gillot. Introduction et notes par Charles Marcilly. *Paris, H. Launette,*1883; gr. in-8 carré, mar. noir, large bordure à compart. de mosaïque de mar. bleu, vert, rouge et La Vallière, milieu orné d'attributs mosaïqués, ornem. de fleurs et de feuillages également mosaïqués sur l'autre plat, doubl. et gardes de soie brochée, tr. dor., couv. conserv., étui (*Canape*). 1.000 fr.

Un des 100 exemplaires numérotés sur PAPIER DU JAPON, dans une splendide reliure de Canape.

4049. Histoire et commerce des Antilles anglaises, où l'on trouve l'état actuel de leur population et quelques détails sur le commerce de contrebande des Anglais avec les Espagnols dans le Nouveau-Monde (par G.-M. Butel-Dumont). *S. l.* (*Paris*), 1758; in-12, carte, veau marbr. 4 fr.

4050. Histoire littéraire de la France où l'on traite de l'origine et du progrès de la décadence et du rétablissement des sciences parmi les Gaulois et parmi les Français par les religieux bénédictins de la congrégation de Saint-Maur. Nouvelle édition par M. Paulin Paris. *Paris, Palmé,* 1865-1869 ; 15 vol. — Table générale, 1875 ; 1 vol. Ens. 16 vol. in-4, dont les 10 premiers reliés en vélin blanc, tête dor., *non rognés* et les 6 derniers cart. percal. verte, *non rognés.* 140 fr.

4051. Histoires débraillées par l'auteur des pommes d'Eve. *Paris, Monnier,* 1884 ; in-4, br., couv. ill. en coul. 7 fr.

Vignettes dans le texte. Couverture d'*A. Willette.*

4052. Hommage rendu à la Rose par les poètes anciens et modernes; précédé de l'histoire de cette reine des fleurs chez tous les peuples. *Paris, (Impr. de Didot). s. d.* (1817); in-16 carré, br. 12 fr.

Recueil de poésies par Dorat, Parny, Voltaire, Favart, Colletet, Ausone, Anacréon, etc., illustré de jolies figures de roses par Mlle *Prudhomme*, finement coloriées.

4053. Huetii (Pet. Dan.) episcopi Abrincensis Commentarius de rebus ad eum pertinentibus. *Amstelodami, apud Henricum du Sauzet,* 1728; in-12, veau granit, dos orné (*Rel. anc.*). 4 fr.

Cet ouvrage a été édité par de Sallengre.

4054. Huet (Pierre-Daniel). Traité de la situation du Paradis terrestre. Septième édition. *Amsterdam, P. Brunel, s. d.;* in-12, demi-rel. dos et coins de mar. brun, éb. 4 fr.

4055. Instruction pour les Voyageurs et les Commerçans, contenant l'indication des villes commerçantes de l'Europe, le détail de leurs manufactures, la valeur des monnoies, le rapport des mesures et des poids, etc. *Paris, aux dépens de la compagnie,* 1764; demi-rel. veau. 5 fr.

4056. Jésuites (Recueil de pièces contre les). En un vol. in-12, veau. 15 fr.

Collection de 17 pièces : Manifeste du roi de Portugal contenant les erreurs impies de la compagnie de Jésus, 1759. — Bref de Benoît XIV contre le P. Berruyer, 1758. — Remontrances au roi Henri IV. — Mémoires sur l'Etat et sur l'établissement des Jésuites en France, 1761. — Décret du S. Office, 1763. — Bref du pape Clément, 1763. — Etc.

4057. Jeu (Le) de l'hombre, augmenté des décisions nouvelles sur les difficultez et incidens de ce jeu. *Paris, Pierre Ribou,* 1709 ; in-12, front., veau. 3 fr.

4058. Journal d'un Voyage de Genève à Londres, en passant par la Suisse, entremêlé d'aventures tragiques par M. G. D. C. (Gaudard). *S. l.,* 1783; in-12, veau gris, fil. à froid, tr. rouge (*Petit-Simier*) 8 fr.

4059. La Colonie. Mémoires de M. de la Colonie, maréchal de camp des armées de l'électeur de Bavière, contenant les événemens de la guerre depuis le siège de Namur en 1692 jusqu'à la bataille de Bellegrade en 1717. *Bruxelles, aux dépens de la compagnie,* 1737; 2 vol. in-12, veau. 10 fr.

4060. La Fayette (Mme de). Zayde,

histoire espagnole. *Paris, Didot l'aîné*, 1780 ; 3 tomes en 2 vol. pet. in-12, veau fauve, dos orné, fil., tr. dor. (*Rel. anc.*).   15 fr.

Joli exemplaire d'une charmante édition dite du comte d'Artois. Le tome II° se termine par *Le Temple de Gnide de Montesquieu*.

4061. La Fontaine. Contes et Nouvelles en vers. *La Haye, Gosse (Cazin)*, 1778 ; 2 vol. pet. in-12, portr., veau, tr. dor.   8 fr.

4062. La Fontaine. Fables choisies mises en vers. *Genève (Cazin)*, 1777 ; 2 vol. pet. in-12, veau, tr. dor.   7 fr.

Joli frontispice de *Delaunay* d'après *Marillier*.

4063. La Loupe (Vincent). Premier et second livre des Dignitez, magistrats et offices du royaume de France. Ausquels est de nouveau adjousté le tiers livre de cette matière outre la revue et augmentation d'iceux. *Paris, Guill. le Noir*, 1564 ; pet. in-8, demi-rel., veau. 15 fr.

4064. Lamartine. La Jeunesse. Nouvelle édition. *Paris, libr. nouvelle*, 1853 ; in-18, cart., *non rogné*.   3 fr.

4065. La Monnoye. Poésies nouvelles. *La Haye et Paris, Briasson*, 1745 ; pet. in-8, veau.   5 fr.

4066. Languedoc. Vues pittoresques de l'ancienne France, lithographiées d'après nature. *Paris*, 1825 ; in-fol., cart., *non rogné*.
Toulouse, 69 pl.   60 fr.
Albi et ses environs, 27 pl.,   25 fr.
Carcassonne, Narbonne, 28 pl. 25 fr.
Nimes et les Cévennes, 51 pl. 45 fr.

4067. Larchey (L.). Les Cahiers du Capitaine Coignet (1776-1850) publiés d'après le manuscrit original par Lorédan Larchey, illustrés par J. Le Blant. *Paris, Hachette*, 1888 ; in-4, mar. vert foncé, dos orné, encadr. de 6 fil. droits et brisés, avec feuillages aux angles, sur les plats, doubl. et gardes de soie rouge cerise, bordure int. de fil. avec couronnes de laurier aux angles, tr. dor. sur fausses marges, couv. cons., étui (*Canape*)   700 fr.

Un des 25 exemplaires numérotés sur PAPIER DU JAPON auquel on a ajouté 2 DESSINS ORIGINAUX de *J. Le Blant* ayant servi à l'illustration du livre.

4068. La Rochefoucauld. Mémoires et réflexions morales. *Paris, impr. de Pierre Didot l'aîné (Bleuet)*, 1796 ; pet. in-12, veau, tr. dor.   5 fr.

Portrait de l'auteur gravé par *Gaucher* d'après *Petitot*.

4069. Lasserre. Notre-Dame de Lourdes, par Henri Lasserre. *Paris, Palmé*, 1777 (*sic pour* 1877) ; in-4, fig., mar. rouge, dos orné, fil., tr. dor. (*Bertrand*).   90 fr.

Édition illustrée d'encadrements variés à chaque page et de chromolithographies, scènes, portraits, vues à vol d'oiseau, cartes et paysages.
Bel exemplaire.

4070. Law. Considérations sur le Commerce et sur l'Argent, par M. Law, controlleur général des finances. Traduit de l'anglois. *La Haye, Jean Neaulme*, 1720 ; in-12, portr., veau.   8 fr.

Rare.

4071. Le Clerc (Sébastien). Pratique de la Géométrie sur le papier et sur le terrain, avec un nouvel ordre et une méthode particulière. *Paris, Guill. de Luyne*, 1674 ; in-12, veau.   25 fr.

Frontispice et jolies vignettes en taille-douce par *Sébastien Le Clerc*.

4072. Lecoy de la Marche. Saint Martin, par A. Lecoy de la Marche. *Tours, Alfr. Mame*, 1882 ; in-4, front. et pl., mar. rouge jans., tr. dor. (*David*).   90 fr.

Un des 200 exemplaires sur PAPIER VERGÉ. Très belles illustrations en noir et en chromolithographies, tirés sur papier de Chine.

4073. Le Franc de Pompignan. Œuvres diverses de M. L* F***. Troisième édition ornée de figures en taille-douce. *Paris, Chaubert*, 1753 ; 2 vol. in-12, veau.   8 fr.

Jolies figures gravées par *Le Bas* et *Fessard*.
On y a joint les *Poésies sacrées* (1754) et le *Supplément aux Œuvres* (1758).

4074. Legouvé (Gabriel). Le Mérite des femmes, poème. *Paris, Louis, impr. de P. Didot l'aîné, an IX* (1801) ; in-12, br.   3 fr.

Frontispice de *Duplessi-Bertaux* d'après *Isabey*.

4075. Le Houx (Jean). Les Noels virois. Avec une introduction et des notes par Armand Gasté. *Caen, Le Gost-Clérisse*, 1862 ; in-12, br. 4 fr.

PAPIER VERGÉ, tiré à 200 exemplaires.

4076. Lettre sur les Aveugles à l'usage de ceux qui voyent (par Diderot). *Londres*, 1749 ; in-12, veau fauve, dos orné, fil., tr. dor. (*Rel. anc.*). 10 fr.

Bel exemplaire.

4077. Lettres galantes et morales du marquis du *** au comte de ***. (Par Mouslier de Moissy). *La Haye et Paris, Séb. Jorry*, 1757 ; in-12, veau, dos orné. 4 fr.

4078. Lettres de la marquise de M*** au comte de R***. (Par Crébillon fils). *S. l.*, 1732 ; 2 vol. in-12, veau fauve. 10 fr.

Le dos de la reliure porte les hermines et les macles du prince de Rohan-Soubise.

4079. Lettres de la Vendée, écrites en fructidor an III jusqu'au mois de nivose an IV. Trait historique par M^e E^{ie} T*** (Emmanuel Tou-longeon). *Paris, Treuttel et Wurtz, an IX* (1801) ; 2 tomes en un vol. in-12, cart., éb. 5 fr.

4080. Lettres sur l'Allemagne. *A Vienne*, 1787 ; in-12, veau marbr. 7 fr.

Traduction anonyme, sans retranche-ments, des 25 premières lettres de l'ou-vrage remarquable publié par le baron G. de Riesbeck sous le titre de Brief eines reisenden Franzosen.

4081. Lettres sur l'origine de la Noblesse françoise et sur la ma-nière dont elle s'est conservée jus-qu'à nos jours (par Mignot de Bussy). *Lyon, Jean de Ville*, 1763 ; in-12, veau. 5 fr.

4082. Lièvre (Édouard). Musée Im-périal du Louvre. Collection Sau-vageot dessinée et gravée à l'eau-forte par Edouard Lièvre, accom-pagnée d'un texte historique et des-criptif par A. Sauzay. *Paris, Nobet et Baudry*, 1863 ; in-fol., en feuilles dans un carton. 70 fr.

Belle publication artistique, illustrée de 120 planches à l'eau-forte tirées sur Chine.

4083. Liger. Amusemens de la cam-pagne, ou nouvelles ruses inno-centes, qui enseignent la maière de prendre aux pièges toutes sortes d'oiseaux et de bêtes à quatre pieds ; avec les plus beaux secrets de la peche dans les rivières et étangs, et un traité général de toutes les chasses. *Paris, Savoye*, 1753 ; 2 vol. in-12, veau. 12 fr.

Nombreuses figures d'engins de chasse et de pêche.

4084. Lignac (De). De l'Homme et de la femme considérés physique-ment dans l'état du mariage. Nou-velle édition revue et augmentée par l'auteur. *Lille, Lehoucq*, 1778 ; 3 vol. in-12, veau, dos orné. 12 fr.

15 planches sur cuivre.

4085. Livre (Le) de la chasse du grand seneschal de Normandye (Jacques de Brézé) et les ditz du bon chien Souillard qui fut au roy Louis de France, XIe de ce nom, publié par le baron Jérôme Pichon. *Paris, Aug. Aubry*, 1858 ; in-12, cart. toile. 5 fr.

De la collection « Trésor des pièces rares ou inédites ».

4086. Longus. Les Amours pasto-rales de Daphnis et Chloé, escrites en grec par Longus, et trans-latées en françois par Jacques Amyot. *Bouillon, impr. de la So-ciété typographique*, 1776 ; pet. in-8, demi-rel. dos et coins de mar. rouge (*Rel. anc.*). 8 fr.

Frontispice de *Coypel* et figures dessi-nées par *le Régent*, gravées par *Vidal*.

4087. Longus. Les Amours pasto-rales de Daphnis et de Chloé, tra-duites du grec par Amyot. *Paris, impr. par P. Didot l'aîné, l'an VIII* (1800) ; pet. in-12, vélin, *non rogné*. 5 fr.

4088. Maillard (Léon). Les Menus et Programmes illustrés. — Invita-tions. — Billets de faire part. — Cartes d'adresses. — Petites es-tampes du XVIIe siècle jusqu'à nos jours. Ouvrage orné de quatre cent soixante reproductions d'après les documents originaux dss meilleurs artistes. *Paris, G. Boudet*, 1898 ; in-4, broché, couv. ill. 75 fr.

Un des 25 exemplaires numérotés sur PAPIER DU JAPON, contenant un tirage à part en noir, sur papier de Chine, des planches hors texte coloriées.

4089. Malcrais de la Vigne. Poésies. *Paris, Vve Pissot*, 1735 ; in-12, veau. 10 fr.

Desforges-Maillard est le véritable au-teur de ces poésies. Tous les poètes du

Et de Livres anciens et modernes

temps furent pris à la mystification. Voltaire lui-même n'y échappa pas; on connaît l'épitre qu'il adressa à la divine Malcrais : « Toi dont la voix brillante... », etc.

4090. Malherbe. Poésies, rangées par ordre chronologique ; avec la vie de l'auteur et de courtes notes (par Meusnier de Querlon). *Paris, Barbou,* 1764 ; in-12, portr., veau marbr., dos orné (*Rel. anc.*). 5 fr.

4091. Manteaux (Les). Recueil (par le comte de Caylus). *La Haye,* 1746 ; in-12, veau. 5 fr.

Frontispice de *Cochin* gravé par *Fessard.*

4092. Manuel de la Pairie, contenant la Charte constitutionnelle, les ordonnances et règlements relatifs à la Chambre des pairs. *Paris, impr. de Jules Didot ainé,* 1824 ; in-12, cart., *non rogné.* 5 fr.

4093. Manuel des Autorités constituées de la République française. *Paris, Dufart, an 5* (1797) ; pet. in-12, cart. 20 fr.

Figures en taille-douce et costumes coloriés des autorités constituées du Directoire.

4094. Manuscrit. ANTIPHONAIRE ITALIEN DE LA FIN DU XVe SIÈCLE. Grand in-fol. de 109 ff. de vélin, ais de bois recouverts de peau, garnitures et clous de cuivre. (*Rel. anc.*). 3.000 fr.

Ce manuscrit provient du couvent des Bénédictins de Saint-Sixte de Plaisance, et son ornementation est due à un délicat artiste de l'école lombarde. Exécuté dans les dernières années du XVe siècle, le miniaturiste l'a illustré de 208 lettres peintes en couleurs sur des fonds d'or, et de QUATORZE miniatures grandes et petites, peintes également sur fonds d'or, avec encadrement formant initiale en rinceaux : 1° (f° 1). Superbe page bordée par une composition ornementale des plus parfaites, conçue dans le goût de la Renaissance, où les rinceaux de feuillage se combinent avec une grâce absolue à des médaillons renfermant des portraits de saints de l'ordre de S. Benoit et à de jeunes enfants nus et blonds. La partie supérieure est occupée par un sujet représentant le *pape Saint Sixte,* patron du monastère, coiffé de la tiare, revêtu d'un manteau de pourpre brodé d'or, assis dans la chaire pontificale et donnant la bénédiction. Quatre anges sont placés autour de la chaire qui est drapée d'une étoffe verte. — 2° (f° 6, v.). *Saint Sixte.* Miniature à mi-corps. — 3° (f °7, v.). *La Transfiguration.* Compositions où ne se voient que les têtes du Sauveur, de Moïse, d'Elie, de S. Pierre, de S. Jacques et de S. Jean. — 4° (f° 14). *Saint Laurent.* — 5° (f° 20). *L'Assomption.* La Vierge Marie soutenue par des chérubins, est reçue par Dieu le père. — 6° (f° 26, v.). *Deux Martyrs.* — 7° (f° 33, v.). *Décollation de S. Jean-Baptiste.* — 8° (f° 37). *Nativité de la Vierge.* Sainte Anne, assise dans son lit, tient la Vierge Marie emmaillotée qu'elle présente à quatre femmes et à S. Joachim, son époux, placé auprès d'elle. — 9° (f° 52). *L'Evangéliste Saint Mathieu.* — 10° (f° 59). *Saint Michel archange.* — 11° (f° 75). *S. Ancille et S. Apulée.* — 12° (f° 86, v.). *La Pentecôte.* — Groupe nombreux formé par la Vierge et les apôtres. — 13° (f° 92). *Saint Germain.* 14° (f° 95, v.). *Saint Martin.*

En résumé l'ensemble de ce manuscrit offre un beau et curieux spécimen de l'art italien au début de la Renaissance.

4095. Manuscrit persan. LE SHAH NAMÈH. Livre des Rois. Le grand poème épique de Firdousi. Manuscrit persan à 4 colonnes, en écritures tal'lîq. In-fol., reliure orientale à recouvrément, ornements à froid. 1.000 fr.

Important manuscrit ancien décoré de CENT MINIATURES à mi-page.

Ces curieuses peintures représentent des intérieurs princiers, des chasses au sanglier, au lion, au tigre, de terribles luttes corps à corps, des scènes de carnage, des combats contre des monstres et des animaux fantastiques, etc. Elles sont fort intéressantes pour l'étude du costume, des armes, des instruments de musique, des harnachements de chevaux, de la décoration intérieure et de l'ameublement des palais, etc. Dans quelques-unes, les figures ont été grattées par quelque musulman fanatique. L'ensemble n'en constitue pas moins un curieux et précieux document tant au point de vue artistique qu'au point de vue de l'histoire des mœurs et du costume dans la Perse ancienne.

Quelques mouillures et raccommodages. La première page manque.

4096. Marguerite de Valois. Heptaméron des nouvelles de très haute et très illustre princesse Marguerite d'Angoulême, reine de Navarre. Nouvelle édition publiée sur les manuscrits par la Société des bibliophiles français. *Paris,* 1854 ; 3 vol. pet. in-8, demi-rel. dos et coin de mar. citron, tête dor., *non rognés* (*Petit-Simier*). 70 fr.

Édition recherchée et rare, ornée d'un portrait sur *Chine.*

4097. Marillier. Nouveaux Trophées ou cartouches représentant les arts et les sciences, composés avec les attributs qui les caractérisent. *Paris, s. d.* ; in-fol., cart. 40 fr.

Titre et 12 planches gravées.

4098. Marino. La Sampogna. *Venetia, Nic. Pezzana,* 1674 ; in-12, cart., *non rogné.* 4 fr.

4099. Marino. Il Tempio, panegirico del cavalier Marino. *Lione, Jullieron*, 1615; pet. in-12. vélin. 4 fr.

4100. Marot (Clément). Les Œuvres de Clément Marot de Cahors, valet de chambre du Roy. *La Haye, Adrien Moetjens*, 1700 ; 2 vol. pet. in-12, mar. rouge, dos orné, comp. de fil. droits et courbés, doublé de mar. bleu, large dent., gardes en moire bleue, tr. dor. et ciselées, étuis de mar. vert (*Lortic*). 500 fr.

Très bel exemplaire dans une splendide reliure de Lortic. Hauteur : 134 mm.

4101. Martin (N.). L'Ecrin d'Ariel. *Paris, Eug. Didier*, 1853 ; in-18, br. 3 fr.

4102. Mascaron, Bourdaloue, La Rue et **Massillon.** Oraisons funèbres choisies. *Paris, Ant.-Aug. Renouard*, 1802 ; in-12, port., veau vert marb., dos orné, dent., tr. dor. 10 fr.

4103. Maupassant (Guy de). Contes choisis, publiés par la Société des Bibliophiles Contemporains. — Le Loup. — Hautot père et fils. — Allouma. — Mouche. — La Maison Tellier. — Un Soir. — Le Champ d'Oliviers. — Mademoiselle Fifi. — L'Epave. — Une Partie de campagne. *Paris, imprimé aux frais et pour les Sociétaires de l'Académie des Beaux Livres*, 1891-1892 ; 10 fasc. en 1 vol. in-8, mar. vert foncé jans., doubl. de mar. citron avec large bordure de fleurs en mos. de mar. vert et violet, gardes de soie brochée, tr. dor. sur fausses marges, couv. conserv., étui (*Canape*). 1200 fr.

Cet exemplaire contient, outre la couverture générale, les couvertures des 10 fascicules, la suite des 10 lithographies de *Lunois* pour l'*Epave*, le frontispice de *Henri Boutet* pour *Une Partie de campagne* et celui de *Paul Avril* d'après *Rops* pour l'ouvrage complet.
Belle reliure de Canape.

4104. Mémoire pour servir à l'histoire des Couplets de 1710, attribués faussement à M. Rousseau. *Bruxelles , Eug.-Henry Friex*, 1752 ; in-12, veau fauve. 5 fr.

A la fin du volume, fac-similé du « Véritable paquet adressé à M. Boindin et par conséquent le vrai corps du délit ».

4105. Menagiana ou bons mots, rencontres agréables, pensées judicieuses et observations curieuses de M. Mènage. Troisième édition augmentée. *Amsterdam, Pierre de Coup*, 1713-1716 ; 4 vol. pet. in-12, front., veau fauve. 12 fr.

4106. Ménard. Les Mœurs et les Usages des Grecs. *Lyon, Vve Delaroche*, 1743 ; in-12, bas. 3 fr.

4107. Méon et **Barbazan.** Fabliaux et Contes des poëtes françois des xie et xve siècles, tirés des meilleurs auteurs, publiés par Barbazan. Nouvelle édition revue par M. Méon. *Paris, Warel* (*imp. de Crapelet*), 1808 ; 4 vol. — Nouveau Recueil de fabliaux et contes inédits publié par M. Méon. *Paris, Chasseriau*, 1823 ; 2 vol. — Ensemble 6 vol. gr. in-8, dem.-rel. dos et coins de mar. rouge, tête dor., *non rognés* (*Brany*). 275 fr.

Splendide exemplaire en GRAND PAPIER DE HOLLANDE, très rare avec les 6 figures. Celles du Nouveau recueil sont en double état sur Chine collé et sur papier vélin.

4108. Meraugis de Portlesguez. Roman de la Table ronde, par Raoul de Houdenc, publié par H. Michelant, d'après les manuscrits de Vienne et de Turin. Avec illustrations représentant les miniatures du manuscrit de Vienne. *Paris, Tross*, 1869 ; gr. in-8, mar. rouge, dos orné, fil., tr. dor. (*Petit*). 130 fr.

Exemplaire sur PEAU DE VÉLIN orné de 19 gravures sur bois. Pages encadrées d'un filet rouge.

4109. Mercier. Contes moraux. *Amsterdam et Paris, Merlin*, 1769 ; 2 tomes en 1 vol. in-12, veau. 12 fr.

4 jolies figures de *Marillier*, gravées par *de Launay* et *de Ghendt*.

4110. Mirouer (le) et exemple moralle des enfans ingratz, pour lesqlzs les pères et mères se détruisent pour les augmenter qui en la fin les descongnoissent (moralité à 18 personnages). *Aix, Pontier*, 1836 ; pet. in-8 de 179 pp. avec 16 vignettes en bois, mar. La Vallière, dos orné, fil., tr. dor. (*Niedrée*). 30 fr.

Réimpression faite d'après l'exemplaire du duc de La Vallière, qui est aujourd'hui à la bibliothèque publique d'Aix.
Cet opuscule n'a été tiré qu'à 66 exem-

plaires et les gravures ont été détruites après le tirage.

4111. **Mode** (La) qui court a present et les singularitez d'icelle, ou l'ut, ré, mi, fa, sol, la, de ce temps. *Paris, chez Fleury Bourriquant, s. d.* — Response au reformateur de la mode qui court. *Paris, chez Estienne Perrin,* 1613. — Le Changement de la Court (en vers). *S. l.,* 1624. — L'estonnement de Mre Guillaume sur le changement de la Cour (en vers). *S. l.,* 1624. — Tablettes adressées aux dames de la Cour (en vers). *S. l.,* 1624. — Lettres d'Erothée à Neogame, ou d'une jeune espousée à son espoux qui l'a abandonnée la première nuict de ses nopces. *S. l.,* 1624.— Response de Neogame à Erothée s'excusant de ce qu'il l'a quittée, et laissée seule dans son lict la nuict de ses nopces. *S. l.,* 1624. — L'Adieu du plaideur à son argent (en vers). *S. l. n. d.* — Factum du procès entre messire Jean et dame Renée (en vers). *S. l. n. d.* — Les Moyens très utiles et nécessaires pour rendre le monde paisible et faire en brief revenir le bon temps (en vers). *Paris, pour Anthoine Du Breuil,* 1615. Ens. 10 pièces en un vol. pet. in-8, mar. rouge, dos orné, fil., tr. dor. (*Trautz-Bauzonnet*).　　200 fr.

4112. **Mœurs** (Les). (Par Fr.-V. Toussaint). *S. l.,* 1748 ; 3 parties en un vol. in-12, veau.　　6 fr.

ÉDITION ORIGINALE en 16 ff. lim. et 474 pages, ornée d'un frontispice, d'un fleuron et de 3 vignettes en-tête.

4113. **Molière.** ŒUVRES DE MOLIÈRE. Nouvelle édition. *A Paris,* 1734 ; 6 vol. in-4, mar. bleu, dos orné, fil., tr. dor. (*Rel. anc.*).　　1200 fr.

Bel exemplaire contenant le portrait de Molière, 33 figures de *Boucher* et de nombreuses vignettes en-tête et culs-de-lampe en belles épreuves.

Cet exemplaire renferme, en outre, la suite du portrait et des 33 figures de *Moreau* en très belles épreuves remontées.

4114. **Moncrif** (Paradis de). Œuvres choisies contenant sur la nécessité et sur les moyens de plaire ; ses contes, ses lettres sur l'usure et ses poésies diverses. *Paris, Lenoir,* 1801 ; 2 tomes en un vol. in-16, port., demi-rel. dos et coins de

chagr. violet, tête dor. (*Petit-Simier*).　　4 fr.

4115. **Monselet** (Charles). Figurines parisiennes. *Paris, Jules Dagneau,* 1854 ; in-18, cart., *non rogné.*　　3 fr.

4116. **Morale** de Jésus-Christ et des Apôtres, ou la vie et les instructions de Jésus-Christ, tirées du N. Testament. *Paris, impr. de Didot l'aîné,* 1790 ; 2 vol. in-12, cart., *non rognés.*　　10 fr.

GRAND PAPIER VÉLIN.

4117. **Morale** de Jésus-Christ et des Apôtres, ou la vie et les instructions de Jésus-Christ, tirées du N. Testament. *Paris, impr. de Didot l'aîné,* 1790 ; 2 vol. in-12, cart. 8 fr.

PAPIER VÉLIN.

4118. **Moreau de Saint-Méry.** De la Danse. *Parme, Bodoni,* 1801 ; in-16 de 4 ff. et 52 pp., cart., *non rogné.*　　12 fr.

Ce charmant petit volume, d'une exécution typographique parfaite, traite de la danse dans notre colonie de Saint-Domingue dans les dernières années de la Monarchie.

4119. **Morel de Vindé.** Zélomir. *Paris, P. Didot l'aîné,* 1801 ; in-18, mar. vert, dos orné, fil., tr. dor., *non rog.* (*Chambolle-Duru*). 300 fr.

Superbe exemplaire en GRAND PAPIER VÉLIN entièrement *non rogné,* avec les 6 figures de *Lefèvre,* gravées par *Godefroy,* en double suite : AVANT LA LETTRE et EAUX-FORTES.

4120. **Moser.** L'Ambassadrice et ses droits, par M. Moser, conseiller à la cour de Hesse-Hombourg. *Berlin, Et. de Bourdeaux,* 1754 ; in-2, veau, dos orné.　　5 fr.

4121. **Mottin de la Balme.** Essais sur l'Equitation ou principes raisonnés sur l'art de monter et de dresser les chevaux. *Amsterdam et Paris, Jombert,* 1773 ; pet. in-8, veau.　　10 fr.

Joli frontispice dessiné par *Moreau le jeune* et gravé par *Ingouf.*

4122. **Nobiliaire** des Pays-Bas et du Comté de Bourgogne, contenant les villes, terres et seigneuries érigées en titre de principauté, duché, marquisat, comté, vicomté et baronnie, les familles nobles, etc., par M. D**** S. D. H. (Devegiano, seigneur de Hovel). *Louvain, J. Jacobs*, 1760 ; 2 vol. in-12, veau . 15 fr.

4123. Noel (Eugène). Molière, son théâtre et son ménage. Troisième édition. *Paris, Becus*, 1880. 2 fr.

> Portrait à l'eau-forte par *Esnault*.

4124. Noel (Eugène). Rabelais, médecin, écrivain, curé, philosophe. Quatrième édition. *Paris, Becus*, 1880 ; in-16, br. 2 fr.

> Portrait à l'eau-forte par *Esnault*.

4125. Nostradamus. La Concordance des propheties de Nostradamus avec l'histoire, depuis Henry II jusqu'à Louis le Grand. La vie et l'apologie de cet auteur, ensemble quelques essais d'explications sur plusieurs de ses autres prédictions. Nouvelle édition revue par M. Guynaud. *Paris, Jacq. Morel*, 1709 ; in-12, portr., veau. 5 fr.

4126. Origine de la Noblesse depuis l'établissemement de la Monarchie, contre le système des lettres imprimées à Lyon en 1763 (de l'abbé Migeot de Bussy) par M. le vicomte de *** (Alès de Corbet). *Paris, Guill. Desprez*, 1766 ; in-12, bas. 5 fr.

4127. Ovide. P. Ovidi Nasonis Opera. *Antverpiæ, ex off. Christoph. Plantini*, 1582-1588 ; 4 tomes en un vol. pet. in-12, vélin à recouvr. 25 fr.

> Metamorposeon libr. xv. — Heroïdum epistolæ; Amorum libr. iii; De arte amandi libr. iii ; de remedis amoris libr. ii. — Fastorum libr. vi; Tristium libr. v; de Ponto libr. iv.

4128. Ovide. Les Métamorphoses, traduites en vers avec des remarques et des notes par M. de Saint-Ange. Nouvelle édition revue, corrigée ; le texte latin en regard. *Paris, Desray, impr. de Crapelet*, 1808 ; 4 vol. in-8, demi-rel. chagrin rouge, dos orné. 40 fr.

> 140 figures de *Eisen, Moreau, Gravelot, Monnet, Boucher*, etc.

4129. Owen Jones. Grammaire de l'Ornement, illustrée d'exemples pris de divers styles d'ornement. *Londres, Bern. Quaritch*, 1865 ; gr. in-4, cart. toile, tr. dor. 60 fr.

> 112 planches en noir et en chromolithographie.

4130. Ozanne aîné. Marine militaire, ou recueil des différens Vaisseaux qui servent à la guerre, suivis des manœuvresqui ont le plus de rapport au combat, ainsi qu'à l'attaque et la defense des ports. *Paris, Jean, s. d. (vers 1775)* ; in-4, br. 35 fr.

> 50 planches de navires et de positions de combat, avec texte explicatif également gravé en taille-douce.

4131. Pagès (Alphonse). Amadis de Gaule. *Paris, Acad. des bibliophiles*, 1868 ; in-16, br. 4 fr.

> De la collection dite « Bibliothèque de don Quichotte » tiré à 400 exemplaires sur PAPIER VERGÉ.

4132. Palissy (Bernard). Le Moyen de devenir riche, et la manière véritable, par laquelle tous les hommes de la France pourront apprendre à multiplier et augmenter leurs thresors et possessions. Par maistre Bernard Palissy, de Xaintes, ouvrier de terre et inventeur des rustiques figulines du Roy. *Paris, Robert Fouet*, 1636 ; 2 tomes en un vol. in-8, mar. rouge, dos orné, fil., tr. dor. (*Chambolle-Duru*). 120 fr.

> Bel exemplaire, très grand de marges.

4133. Palustre (Léon). La Renaissance en France. *Paris, Quantin*, 1879-1885 ; 3 vol. in-fol., cart. 180 fr.

> Nombreuses figures gravées sous la direction d'Eugène Sadoux.
> Ouvrage publié à 375 fr.

4134. Pansuti. Le Tragédie di Saverio Pansuti. *Napoli, stamp. Muziana*, 1742 ; pet. in-8, vélin. 4 fr.

> Il Sejano. — La Sofonisba. — La Virginia. — Il Bruto. — L'Orazia.

4135. Panvinius (Oniphrius). De Ludis Circensibus, libri II de Triumphis, liber unus. Quibus universa fere Romanorum veterum sacra ritusq. declarantur ac figuris æneis illustrantur, cum notis Joannis Argolii et additamento N. Pinelli et J. J. Maderi. *Patavii*, 1681 ; in-fol., front. gravé et pl., mar. rouge, dos orné, fil. (*Rel. anc.*). 150 fr.

> Nombreuses planches gravées sur cuivre représentant les triomphes, les jeux et courses des cirques et hippodromes de l'ancienne Rome.
> Exemplaire aux armes et chiffre de J.-B. COLBERT.

4136. Paradoxe sur les femmes, où l'on tâche de prouver qu'elles ne sont pas de l'espèce humaine. *Cracovie (France)*, 1766 ; in-12, cart. 5 fr.

> Traduction libre par le médecin Charles

Et de livres anciens et modernes

Clapiès, de l'opuscule édité en latin par Valens Alcidalius.

4137. Paris. Description historique des Curiosités de l'Eglise de Paris, contenant les détails de l'édifice, le trésor, les chapelles, tombeaux, épitaphes, et l'explication des tableaux. Par M. C. P. G. (Gueffier). *Paris, Gueffier,* 1763; veau marbr., dos orné, dent.   5 fr.

Planches en taille-douce.

4138. Paris en miniature, d'après les dessins d'un nouvel Argus. (Par le marquis de Luchet). *Londres et Paris, Pichard,* 1784 ; in-12, veau.   3 fr.

4139. Paris. Paris qui s'en va et Paris qui vient, dessiné et gravé par Léopold Flameng. *Paris, A. Cadart,* 1859 ; pet. in-fol., demi-rel. dos et coins de mar. rouge, tête dor., éb. (*David*).   40 fr.

PREMIER TIRAGE sur CHINE, des 26 planches gravées à l'eau-forte par *Flameng.*

4140. Parnasse des plus excellens poètes de ce temps (publié par d'Espinelle). *Lyon, Barthélemy Ancelin,* 1618 ; 2 vol. in-12, titre gravé, mar. rouge, dos orné, fil., tr. dor. (*Lortic*).   150 fr.

Bel exemplaire dans une très jolie reliure.

4141. Partisans (Les) demasquez. Nouvelle plus que galante. *Cologne, chez Adrien l'Enclume gendre de Pierre Marteau,* 1707 ; pet. in-12, front., veau.   8 fr.

Histoire critique des financiers de l'époque, tels que Choppin, de Bourvallais, Deschiens, la Court, Rouxelin et autres.

4142. Pascal (Adrien). Histoire de l'Armée et de tous les régiments depuis les premiers temps de la Monarchie française jusqu'à nos jours; avec des tableaux synoptiques par M. Brahaut. *Paris, Barbier,* 1853-1858 ; 5 vol. gr. in-8, demi-rel. chagrin vert.   80 fr.

Bel exemplaire illustré de un frontispice, de 200 figures par *Philippoteaux, E. Charpentier, H. Bellangé, de Moraine, Morel-Fatio, Sorieul,* gravées sur bois et coloriées, et d'une carte de Crimée.

4143. Pasqualigo (Luigi). Il Fedele, comedia. *Venetia,* 1579 ; pet. in-8, vélin.   3 fr.

4144. Passerat (Jean). Recueil des Œuvres poetiques de Jean Passerat, augmenté de plus de la moitié,

outre les précédentes impressions. *Paris, Abel l'Angelier,* 1606 ; in-8, portr. — Kalendæ Januariæ et varia quædam poëmatia. *Parisiis, apud Abel Angelerium,* 1606 ; in-8. Ens. 2 tomes en un vol. in-8, mar. bleu, dos orné, fil., tr. dor. (*Trautz-Bauzonnet*).   250 fr.

Rare et belle édition recherchée, ornée d'un joli portrait gravé par *Th. de Leu.* Très bel exemplaire.

4145. Patin (Charles). Introduction à l'histoire, par la connoissance des Médailles. *Paris, J. du Bray et P. Variquet,* 1665 ; in-12, front. et fig., veau.   3 fr.

4146. Patin (Guy). Lettres choisies de feu M. Guy Patin, dans lesquelles sont contenues plusieurs particularitez historiques sur la vie et la mort des sçavans de ce siècle. *LaHaye, Henry van Bulderen,* 1707; 3 vol. in-12, portr., veau.   8 fr.

4147. Percier et **Fontaine.** Palais, maisons, et autres édifices modernes, dessinés à Rome. *Paris, les auteurs et P. Didot l'aîné* (1798) ; in-fol., cart., *non rogné.*   50 fr.

Ouvrage très estimé, orné de 100 belles planches gravées au trait.

4148. Perelle. LES DÉLICES DE PARIS et de ses environs, ou Recueil de Vues perspectives des plus beaux monuments de Paris et des maisons de plaisance situées aux environs de cette ville, par Perelle. *Paris, Jombert,* 1753; in-fol., veau marbr., dos orné, tr. rouge.   450 fr.

Ce recueil formé des vues de Paris de *Marot, Perelle, Silvestre,* etc., dont les cuivres étaient entre les mains de Jombert qui les avait fait retoucher, contient un certain nombre de planches consacrées aux environs de Paris : Vaux, Petit-Bourg, Chantelou, Rambouillet, Maintenon, Liencourt, Chaville, Louvois, etc. Il renferme en tout 224 planches tirées sur 210 feuilles.

On a ajouté à cet exemplaire 68 planches des Vues de Paris et des environs gravées par *Guérard,* extraites de la *Géométrie pratique* de Manesson-Mallet ; et une vue du Château de Ruel. Ensemble 293 planches.

4149. Perrault. Les Hommes illustres qui ont paru en France pendant ce siècle, avec leurs portraits au naturel. *Paris, Ant. Dezallier,* 1696-1700 ; 2 tomes en un vol. in-fol., veau.   200 fr.

Bel ouvrage dont l'instigateur fut Michel Bégon, intendant de la Rochelle ; il est orné de fort beaux portraits par *Edelinck* et *Lubin*, entre autres de ceux de Pascal et d'Arnauld qui manquent souvent.

Bel exemplaire en GRAND PAPIER provenant de la bibliothèque du duc d'ORLÉANS, fils de Louis-Philippe.

4150. **Petit Conteur** (Le) amusant et chantant. Etrennes d'un nouveau genre. *Paris, Janet*, 1803 ; in-24, mar. vert, dent., tr. dor. (*Rel. anc.*). 60 fr.

Titre gravé et 12 jolies gravures non signées.

4151. **Petitot.** Les Émaux de Petitot du musée impérial du Louvre. Portraits de personnages historiques et de femmes célèbres du siècle de Louis XIV, gravés au burin par M. L. Ceroni. *Paris, Blaisot*, 1862 ; 2 vol. in-4, demi-rel. dos et coins de vélin blanc, tête dor., *non rognés*. 175 fr.

PREMIER TIRAGE de ce recueil des 50 portraits célèbres du fameux miniaturiste *Petitot*, tirés sur *Chine*, AVANT LA LETTRE, sauf celui de Mᵐᵉ de Maintenon qui est avec lettre.

4152. **Pétrarque.** Choix des Poésies de Pétrarque, traduite de l'italien par Levesque. Nouvelle édition corrigée et augmentée. *A Venise (Cazin) et Paris, Hardouin et Gattey*, 1787 ; 2 vol. in-18, portr. et titre gravé, veau, tr. dor. 6 fr.

4153. **Picardie.** Vues pittoresques de l'ancienne France, lithographiées d'après nature. *Paris*, 1835 ; in-fol., cart., *non rogné*.

COMPIÈGNE et NOYON, 43 pl. 40 fr.
BEAUVAIS et ses environs, 52 pl. 50 fr.
SOISSONS et ses environs, 51 pl. 50 fr.
PÉRONNE et MONTDIDIER, 35 pl. 35 fr.
AMIENS et ses environs, 76 pl. 70 fr.

4154. **Pièces philosophiques** contenant : 1. Parité de la vie et de la mort ; 2. Dialogues sur l'âme ; 3. J. Brunus redivivus ou traité des erreurs populaires. — Recherches sur les miracles. — La Fausseté des miracles des Deux Testamens. *Londres*, 1771-1773. Ens. en 2 vol. pet. in-8, veau marb., dos orné (*Rel. anc.*) 8 fr.

Bel exemplaire.

4155. **Platon.** Le Banquet de Platon, traduit du grec par J. Racine, Mᵐᵉ de Rochechouart et Victor Cousin. *Paris, Henri Plon*, 1868 ; in-16, br., couv. 5 fr.

L'un des 100 exemplaires numérotés tirés sur PAPIER VERGÉ.

4156. **Platon.** Œuvres traduites par Victor Cousin. *Paris, Lévy*, 1846 ; 13 vol. in-8, demi-rel. dos et coins de veau fauve. 80 fr.

Édition très estimée. Mouillures au tome Iᵉʳ.

4157. **Playne** (A.). L'Art héraldique, contenant la manière d'apprendre facilement le blason. Nouvelle édition, revue, corrigée et augmentée. *Paris, Ch. Osmont*, 1717 ; in-12, veau. 8 fr.

Planches d'armoiries gravées sur cuivre.

4158. **Poésies anciennes.** 8 pièces en 1 vol. in-8, mar. bleu, fil., tr. dor. (*Closs*). 45 fr.

Cette réimpression figurée de huit pièces anciennes, publiée de 1829 à 1835 par Pinard, n'a été tirée qu'à 42 exemplaires sur PAPIER DE HOLLANDE.

Elle comprend : La Chasse du cerf des cerfz, composée par Pierre Gringoire. — Le Cry et Proclation publicque, pour jouer le mistère des Actes des Apostres en la ville de Paris... — Lyon marchant, satyre françoise. — Le Laiz d'amour divin à VIII personnages. — Les Faictz merveilleux de Virgille. — Le Mariage des quatre filz Hemon et des filles Dampsimon. — Les Ditz et Ventes damours. — La Vie et trespassement de Caillette.

4159. **Poésies** satyriques du XVIIIᵉ siècle. (Publiées par Sautreau de Marsy). *Londres (Cazin)*, 1788 ; 2 vol. in-18, front., veau, dos orné, tr. dor. 12 fr.

4160. **Poète** (Le), ou mémoires d'un homme de lettres (Desforges) écrits par lui-même. *Hambourg*, 1799 ; 8 tomes en 4 vol. pet. in-12, fig., demi-rel. bas. 60 fr.

Ouvrage intéressant dans lequel Desforges raconte ses bonnes fortunes ; illustré de 8 figures non signées.

4161. **Pommes d'Ève.** Douze contes en chemise par une jolie fille. Illustrations par Joseph Roy. *Paris, Monnier*, 1884 ; in-8, demi-rel. dos et coins de mar. vert, dos orné, tête dor., *non rogné*, couv. en coul. 10 fr.

4162. **Postes.** Liste générale des Postes de France pour l'année 1780. *Paris, Gauguery*, 1780 ; in-12, mar. rouge, dos orné, fil., tr. dor. tabis (*Rel. anc.*). 30 fr.

Bel exemplaire aux armes du duc

Et de Livres anciens et modernes

Etienne-François de Choiseul-Stainville, célèbre ministre d'Etat.

Manque la carte.

4163. Pot-Pouri (Le), ouvrage nouveau de ces Dames et de ces Messieurs (par le comte de Caylus). *Amsterdam, aux dépens de la Compagnie*, 1748 ; in-12, veau marbr. 6 fr.

Cet ouvrage est aussi attribué à André le Fèvre, de Troyes.

4164. Pradon. Les Œuvres de M. Pradon. Nouvelle édition corrigée et augmentée. *Paris, libraires associés*, 1744 ; 2 tomes en un vol. in-12, veau. 5 fr.

4165. Prévost (l'abbé). HISTOIRE DE MANON LESCAUT et du chevalier des Grieux. *Paris, impr. de P. Didot l'aîné, an V*, 1797 ; 2 vol. in-12, mar. bleu, dos orné, fil., doublé de mar. la Vallière clair, comp. de fil. droits et courbés, tr. dor. (*Cuzin*) 2.500 fr.

Superbe livre à toutes marges, relié sur brochure, conservé dans une très belle reliure de Cuzin.

Un des 100 exemplaires tirés sur GRAND PAPIER VÉLIN avec la double suite des 8 jolies figures de *Lefèvre*, gravées par *Coiny*, AVANT LA LETTRE et EAUX-FORTES.

4166. Prévost (l'abbé). Histoire de Manon Lescaut et du chevalier des Grieux, par l'abbé Prévost. *A Paris, de l'impr. de P. Didot l'aîné, an V*, 1797 ; 2 vol. pet. in-12, demi-rel. dos et coins de mar. bleu, *non rognés*. 100 fr.

8 charmantes figures de *Lefèvre*, gravées par *Coiny*. — Les titres portent la marque du libraire Bleuet.

4167. Prévost (abbé). Histoire de Marguerite d'Anjou, reine d'Angleterre. *Amsterdam, Fr. Desbordes*, 1740 ; 4 tomes en 2 vol. in-12, veau. 8 fr.

4168. Projet d'une réforme à faire en Italie, ou moyen de corriger les abus les plus dangereux et de réformer les lois les plus pernicieuses établies en Italie. (Par Pilati de Tassulo.) Ouvrage traduit de l'italien (par J. Manzon). *Amsterdam, M. M. Rey*, 1769 ; pet. in-8 de 4 ff. lim. et 279 pp., veau. 3 fr.

La préface du traducteur n'existe pas dans cet exemplaire comme dans la plupart d'entre eux.

4169. Proyart (l'abbé). Histoire de Loango, Kakongo et autres royaumes d'Afrique. *Paris et Lyon*, 1776 ; in-12, carte, veau. 4 fr.

4170. Pufendorff. Introduction à l'histoire moderne, générale et politique de l'univers, augmentée par M. Bruzen de La Martinière. Nouvelle édition, revue, augmentée et continuée jusqu'en 1750, par M. de Grâce. *Paris, Mérigot*, 1753-59 ; 8 vol. in-4, front., veau écaille, fil., tr. dor. 70 fr.

Bel exemplaire contenant 1 frontispice par *Eisen*, gravé par *Aliamet*, 8 fleurons, 1 écusson n. sig., 1 médaillon avec portrait par *Ehrenstrahl* gravé par *Fiquet*, 32 vignettes, 23 culs-de-lampe, dont beaucoup se répètent, et 25 cartes géographiques.

Exemplaire en GRAND PAPIER DE HOLLANDE.

4171. Puisieux (Mme de). Les Caractères. *Londres (Paris)*, 1750-1751 ; 2 vol. in-12, veau, dos à la grotesque. 4 fr.

4172. Quatrelles (Lépine). Légende de la Vierge de Munster. Illustrations de Eugène Courboin. *Paris, Charpentier* (1881) ; in-4, br. 8 fr.

15 planches hors texte par *Courboin*. Couverture illustrée par *Grasset*.

4173. Quinault. La Mère Coquette, ou les Amans brouillez. Comedie representée par la troupe du Roy. (Par Quinault). *Paris, Pierre Trabouillet*, 1666 ; in 12, mar. rouge, dos orné, fi., tr. dor. (*Trautz-Bauzonnet*). 35 fr.

ÉDITION ORIGINALE.

Pièce de caractère et d'intrigue. C'est la première comédie où l'on ait peint ceux que l'on a appelés depuis les « Marquis ».

4174. Quinze Joyes (les) de Mariage, ou la nasse dans laquelle sont detenus plusieurs personnages de nostre temps. Mises en lumière par François de Rosset. *Paris, Rolet Boutonné*, 1620 ; in-12, mar. rouge, dos orné, fil., tr. dor. (*Thibaron-Echaubard*). 40 fr.

Jolie vignette sur le titre.

4175. Rabelais. Les Cinq livres de F. Rabelais, publiés avec des variantes et un glossaire par Paul Chéron. *Paris, libr. des Bibliophiles*, 1876-1877 ; 5 vol. in-8, brochés. 150 fr.

L'un des 150 exemplaires sur PAPIER DE CHINE avec les onze eaux-fortes de *Boilvin* en double état : avec et AVANT LA LETTRE. Epuisé.

Achat de Bibliothèques

4176. Rabelais. Les Cinq livres de F. Rabelais, publiés avec des variantes et un glossaire par P. Chéron. *Paris, Libr. des Bibliophiles,* 1876-1877 ; 5 vol. in-8, portr. et fig., mar. vert, dos orné, fil., tête dor., *non rogné (Pouget).* 130 fr.

Onze eaux-fortes par *E. Boilvin.* Bel exemplaire.

4177. Racan. Les Œuvres de M. Honorat de Beuil, chevalier, seigneur de Racan. *Paris, Coustelier,* 1724 ; 2 vol. in-12, veau. 8 fr.

4178. Racine. Esther, tragédie tirée de l'écriture sainte. *Paris, Denys Thierry,* 1689 ; in-12, front., veau (*Rel. anc.*). 150 fr.

ÉDITION ORIGINALE. Haut. 159 mm.

4179. Racine. Œuvres. *Paris, Pierre Trabouillet,* 1687 ; 2 vol. in-12, front. et fig. — Esther, tragédie, tirée de l'escriture sainte. *Paris, Denys Thierry,* 1689 ; in-12, fig. — Athalie, tragédie tirée de l'écriture sainte. *Paris, Denys Thierry,* 1692 ; in-12, fig. — Ens. 4 tomes en 3 vol. in-12, mar. violet, dos orné, dent., tr. dor. (*Simier*). 300 fr.

Édition recherchée, la première qui renferme Phèdre et le Discours à l'Académie, elle est complétée par les tragédies d'Esther et d'Athalie en ÉDITIONS ORIGINALES.

4180. Racine. Œuvres de Jean Racine. *Paris, Pierre Didot l'aîné,* 1801 ; 3 vol. in-fol., cart., *non rognés.* 200 fr.

Splendide édition, l'un des chefs-d'œuvre typographiques sortis des célèbres ateliers des Didot, supérieurement illustrée d'un frontispice de *Prud'hon,* gravé par *Marais,* et de 56 estampes gravées en taille-douce par *Massard, Duval, Girardet, Ponce,* etc., d'après les dessins de *Gérard, Girodet, Taunay, Moitte, Prud'hon* et autres.

Bel exemplaire sur PAPIER VÉLIN, entièrement NON ROGNÉ.

4181. Racine. Œuvres de Jean Racine. *Paris, L. de Bure,* 1823 ; 4 vol. in-16, demi-rel. veau fauve, tête dor., *non rognés.* 12 fr.

Joli petite édition imprimée par Firmin-Didot.

4182. Racine. Théâtre de Jean Racine, orné de vignettes gravées à l'eau-forte sur les dessins d'Ernest Hillemacher, par Frédéric Hillemacher. *Paris, Libr. des Bibliophiles,* 1873-1874 ; 4 vol. in-8, portr. et vign., demi-rel. dos et coins de mar. brun, dos orné, tête dor., *non rognés.* 50 fr.

Jolis en-têtes gravés à l'eau-forte. Bel exemplaire.

4183. Raphaël. Les Loges de Raphaël. Collection complète de cinquante-deux tableaux peints à fresque. *Paris, H. Plon,* 1860 ; in-fol., demi-rel. chagrin vert. 100 fr.

Magnifique ouvrage, publié à 300 fr.

4184. Raphaël. Imagines Veteris ac Novi Testamenti a Raphaële Sanctio Urbinate in Vaticani Palatii xystis mira picturæ elegantia expressæ. Jo. Jacobi de Rubeis cura, ac sumptibus, delineatæ, incisæ, ac typis editæ. (*Romæ,* 1675) ; in-fol. oblong, front. et pl., mar. rouge, dos orné, fil., tr. dor. (*Rel. anc.*). 150 fr.

Titre gravé avec portrait de Christine de Suède, portrait de Raphaël et 53 planches gravées par *Fantettus* et *P. Aquila.*
Reliure aux armes d'un évêque.

4185. Raynouard. Choix des Poésies originales des Troubadours. *Paris, Firmin Didot,* 1816-1821 ; 6 vol. in-8, demi-rel. basane. 180 fr.

Publication d'une haute importance pour l'histoire de la formation de notre langue, et dont la réputation est restée universelle. Le 1er volume est spécialement consacré à la Grammaire romane, le 5e à la Biographie des troubadours, et le 6e à la Grammaire comparée des langues de l'Europe.
Très bel exemplaire.

4186. Reclus (Élisée). Nouvelle Géographie universelle. La Terre et les hommes. *Paris, Hachette,* 1876-1885 ; 10 vol. gr. in-8, demi-rel. chagr. rouge, tr. peigne. 125 fr.

Tomes 1 à X.

4187. Recueil de dessins indiens et persans de la fin du XVIIIe siècle. In-4, demi-rel. dos et coins de mar. rouge, dos orné, tr. dor. 100 fr.

Huit jolies miniatures mesurant en moyenne 240 mm. de hauteur sur 171 mm. de largeur, finement coloriées et rehaussées d'or, et ayant pour sujets divers épisodes de la vie de Krischna, de Winschou et de Ravana.

4188. Recueil de diverses pièces curieuses pour servir à l'histoire. *Cologne, Jean du Castel (Bruxelles, Fr. Foppens),* 1664 ; pet. in-12, veau. 15 fr.

Voy. Willems, les Elzevirs n° 2006. — Haut. : 125 mm.

Et de Livres anciens et modernes

4189. Recueil de pièces authentiques sur le captif de Sainte-Hélène; de mémoires et documens écrits ou dictés par l'empereur Napoléon; suivis de lettres de MM. le grand-maréchal comte Bertrand, le comte Las Cases, le général baron Gourgaud, le général Montholon, les docteurs Warden, O'Meara et Antommarchi. *Paris Alex. Corréard*, 1821-1822; 10 vol. in-8, br.   25 fr.

> Portrait en pied de Napoléon lithographié par *Lenglumé* et colorié.

4190. Recueil de Pièces relatives à l'affaire dite du Collier. (*Paris*, 1786); 2 vol. in-4, demi-rel. basane.   20 fr.

> Trente-quatre mémoires, requêtes, pièces justificatives, arrêts et autres documents concernant les divers accusés : le cardinal de Rohan, la comtesse de la Motte, Cagliostro, la d'Oliva, Bette d'Etienville, le baron de Fages, Retaux de Villette, etc.
> Plusieurs de ces pièces sont manuscrites. La 12ᵉ contient la déposition de la comtesse du Barry.

4191. Recueil de Voyages dans l'Amérique méridionale, contenant diverses observations remarquables touchant le Pérou, la Guiane, le Bresil, etc. *Amsterdam, J. Frederic Bernard*, 1738; 3 tomes en 2 vol. in-12, veau.   8 fr.

> Planches en taille-douce. Cet ouvrage comprend les voyages de François Coréal, de Walter Raleigh, de Narbrough, de Tasman et des Moxes.

4192. Recueil des Edicts du roy, vérifiez au Parlement, Chambre des comptes et Cour des aydes le vingtième décembre 1635. *Paris, P. Mettayer*, 1636; pet. in-8, vélin, dos fleurdelisé, comp. de fil., tr. dor. (*Rel. anc.*).   200 fr.

> Bel exemplaire aux armes du roi Louis XIII.

4193. Recueil des plus belles Epigrammes des Poëtes françois depuis Marot jusqu'à présent. Avec des notes historiques et critiques. *Paris, Nic. le Clerc*, 1698; 2 vol. in-12, veau.   4 fr.

> Légère mouillure au tome II.

4194. Recueil des plus belles pièces des Poëtes françois depuis Villon jusqu'à Benserade. *Paris, Compagnie des libraires*, 1752; 6 vol. in-12, veau fauve, dos orné, fil. (*Rel. anc.*).   15 fr.

4195. Recueil, dit de Maurepas, pièces libres, chansons, épigrammes et autres vers satyriques sur divers personnages des siècles de Louis XIV et Louis XV, accompagnés de remarques curieuses du temps, publiés pour la première fois d'après les manuscrits conservés à la bibliothèque impériale à Paris, avec des notices, tables, clefs, etc. *Leide*, 1865; 6 vol. in-12, *br.* 60 fr.

> Ce recueil de pièces toutes libres, et encore inédites avant cette publication, est fort rare et curieux.

4196. Recueil général des Caquets de l'Accouchée, ou discours facecieux, où se voit les mœurs, actions, et façons de faire des grands et petits de ce siècle. *Imprimé au temps de ne plus se fascher*, 1625 (*Metz, Nouviau*, 1846); pet. in-8 carré, chagrin rouge, dos orné, dent., tr. dor.   40 fr.

> Réimpression tirée à 76 exemplaires sur PAPIER VERGÉ; provenant de la bibliothèque d'Arthur DINAUX.

4197. Réflexions critiques sur les observations de M. l'abbé D*** (Dordelu) où l'on fait voir la fausseté des conjectures de l'observateur sur l'origine, la puissance et la valeur des Gaulois, par M. l'abbé A*** (Armerie). *Paris, Quillau*, 1747; in-12, veau.   3 fr.

4198. Regnier. Les Satyres du sieur Regnier. Dernière édition, revue, corrigée et de beaucoup augmentée, tant par le sieur de Sigogne, que de Berthelot. *Paris, Nicolas et Jean de la Coste*, 1635; in-8, mar. rouge, dos orné, fil., tr. dor. (*Capé*).   100 fr.

> Très bel exemplaire.

4199. Regnier. Satyres et autres œuvres, accompagnées de Remarques historiques (par Brossette), nouvelle édition considérablement augmentée (par Lenglet du Fresnoy). *Londres, Jacob Tonson*, 1733; petit in-fol., mar. rouge, dos orné fil., tr. dor. (*Rel. anc.*).   100 fr.

> 1 frontispice par *Natoire*, gravé par *L. Cars*, 1 fleuron sur le titre par *Cochin*, 7 vignettes et 15 culs-de-lampe qui se répètent, par *Boucher* et *Natoire*, gravés par *Cochin*, et 3 lettres ornées.
> Exemplaire en GRAND PAPIER.

4200. Reiset (Cᵗᵉ de). MODES ET

USAGES au temps de Marie-Antoinette. Livre-journal de Madame Eloffe, marchande de modes, couturière-lingère ordinaire de la Reine et des Dames de sa cour. Ouvrage illustré de près de 200 gravures, dont 110 grandes planches, 68 coloriées. *Paris, Firmin Didot*, 1885 ; 2 vol. gr. in-8, mar. bleu foncé, dos orné, 3 fil., tr. dor. sur fausses marges, étuis (*Canape*). 400 fr.

Un des quelques exemplaires tirés sur PAPIER DU JAPON.

4201. Renard. Essai sur les Ecrouelles. *Paris, Des Ventes de Ladoué*, 1769; in-12, veau. 4 fr.

4202. Renouard (Paul). La Danse. Vingt dessins de Paul Renouard transposés en harmonies de couleurs. *Paris, Charles Gillot*, 1892; in-fol., *en feuilles* dans le cart. de l'éditeur. 100 fr.

Belles épreuves sur *Chine volant*, montées sur bristol.

4203. Réponse à la relation (envoyée par le cardinal Torregiani aux ministres étrangers résidens à Rome) où l'on montre quels sont les égards que les ministres du Pape prétendent avoir eus pour S. M. le roi de Portugal. Traduit de l'italien. *Imprimé à Venise, chez Ant. Zatta,* 1760; in-12, veau. 3 fr.

4204. Restif de la Bretonne. Monsieur Nicolas, ou le Cœur humain dévoilé. Mémoires intimes. Réimprimé sur l'édition unique et rarissisme publiée par Restif en 1796. *Paris, Liseux*, 1883 ; 14 vol. in-8, *brochés*. 50 fr.

L'un des 225 exemplaires tirés sur papier de Hollande. Publié à 120 fr.

4205. Restif de la Bretonne. Les Provinciales, ou histoire des filles et femmes des Provinces de France, dont les aventures sont propres à fournir des sujets dramatiques de tous les genres. *Paris, Garnery*, s. d. ; 12 vol. in-12, *brochés*. 50 fr.

Curieux ouvrage de Restif, orné de 42 figures en 31 planches gravées en tailledouce. Parmi celles-ci, celle du X⁽ᵉ⁾ volume représente l'*exécution de Charlotte Corday*.
Manque le titre du 3ᵉ volume et 4 f. à la fin du 11ᵉ vol.

4206. Réveil. Musée de peinture et de sculpture, ou recueil des principaux tableaux, statues et bas-reliefs des collections publiques et particulières de l'Europe, dessiné et gravé à l'eau-forte par Réveil, avec des notices descriptives, critiques et historiques par Duchesne aîné. *Paris, Audot*, 1828-1834 ; 17 vol. in-12, pl., demi-rel. chagr. rouge, tête dor., *non rognés*. 220 fr.

Texte français et anglais, orné d'un très grand nombre de figures gravées au trait, donnant la représentation de tous les chefs-d'œuvre de l'art antique et de l'art moderne. Bel exemplaire.

4207. Revue des Deux-Mondes. Années 1831 à 1885. *Paris*; 351 vol. in-8, demi-rel. veau fauve. 1.800 fr.

Très bel exemplaire.

4208. Richard (Jules). L'ARMÉE FRANÇAISE. Types et Uniformes par Edouard Detaille. Texte par Jules Richard. *Paris, Boussod et Valadon*, 1885-1889 ; 2 vol. in-fol., mar. rouge, dos orné, encadr. de fil. avec couronnes de chêne et de laurier aux angles, sur les plats, doubl. et gardes de moire bleue, bordure int. de fil. dor. et au pointillé avec coins dor., tr. dor. sur fausses marges, couv. cons., étuis (*Canape*). 2.500 fr.

Ouvrage contenant 50 planches en couleurs tirées hors texte et 280 planches en noir, insérées dans le texte, reproduisant par la photogravure les tableaux et aquarelles d'*Edouard Detaille*.
Exemplaire numéroté sur PAPIER DU JAPON, contenant les gravures avant la lettre et un tirage à part, en noir, sur papier du Japon, de toutes les illustrations.

4209. Richelieu. Journal de M. le Cardinal, duc de Richelieu, qu'il a faict durant le grand orage de la Cour en l'année 1630 et 1631, tiré des memoires ecrits de sa main avec diverses autres pièces remarquables qui sont arrivées en son temps. *S. l.*, 1649 ; pet. in-8 de 420 pp., veau. 12 fr.

Cet ouvrage se termine par le « Procès de MM. de Cinq-Mars et de Thou instruict par M. le Chancelier. »

4210. Ripert de Monclar (J.-P.-F.). Compte-rendu des Constitutions des Jésuites. *S. l.*, 1763 ; in-12, veau. 4 fr.

Ripert de Monclar était procureur général du roi au Parlement de Provence.

4211. Ris-Paquot. Histoire des Faïences de Rouen, pour servir de guide aux recherches des collec-

Et de Livres anciens et modernes

tionneurs. *Amiens et Paris*, 1870 ; gr. in-4, *en feuilles* dans un carton.   **55 fr.**

60 planches coloriées reproduisant les plus belles faïences connues.

4212. Robbé de Beauveset. Mon Odyssée ou le journal de mon retour de Saintonge. Poème à Chloé. *La Haye*, 1760 ; pet. in-8, br. **7 fr.**

4 figures de *Desfriches* (la 1re manque), gravées par *Cochin*.

4213. Robert. Recherches sur la nature et l'inoculation de la petite Vérole. *La Haye*, 1763 ; in-12, veau, dos orné.   **6 fr.**

4214. Robida (A.). Le XIXe siècle. Texte et dessins par A. Robida. *Paris, Georges Decaux*, 1888 ; in-4, cart., *non rogné*.   **280 fr.**

Exemplaire sur PAPIER DU JAPON avec une aquarelle originale de l'auteur peinte sur le faux-titre.
Envoi de l'éditeur à CONQUET et couverture illustrée en couleur.

4215. Robillard-Péronville. Le MUSÉE FRANÇAIS, recueil complet des tableaux, statues et bas-reliefs qui composent la collection nationale, avec l'explication des sujets, et des discours historiques sur la peinture, la sculpture et la gravure, par Croze-Magnan, Visconti et E. David. *Paris, impr. de Herhan*, 1803-1809 ; 4 vol. gr. in-fol., demi-rel. dos et coins de mar. rouge, *non rogné*.   **600 fr.**

344 planches. Superbe exemplaire d'une conservation remarquable.

4216. Rochas (A. de). Le Livre de demain. *Blois, impr. Raoul Marchand*, 1884 ; in-8, mar. brun, dos orné, comp. de fil., tr. dor. (*Lortic fils*).   **250 fr.**

Ouvrage édité à 250 exemplaires numérotés et donnant l'impression sur différents papiers de couleurs, vergés, vélins et autres, de pièces choisies tirées des meilleurs poètes et prosateurs.

4217. Rolli (Paolo). De Poetici componimenti. *Venezia*, 1761 ; pet. in-8, portr., vélin.   **4 fr.**

4218. Romans des douze Pairs de France, publiés par M. Paulin Paris. *Paris, Techener*, 1832-1848 ; 12 vol. in-8, demi-rel. dos et coins de cuir de Russie, tête dor., *non rognés*.   **150 fr.**

Collection tirée à un petit nombre d'exemplaires, comprenant : *Li Romans de Berte aus grans piés. — Li Romans de Garin le Loherain*, 2 vol. — *Li Romans de Parise la Duchesse. — Li Romans de Raoul de Cambrai et de Bernier. — La Chanson des Saxons*, 2 vol. — *La Chevalerie Ogier de Danemarche*, 2 vol. — *Le Romancero français. — La Chanson d'Antioche*, 2 vol.

Exemplaire sur PAPIER DE HOLLANDE.

4219. Roucher. Les Mois, poème en douze chants, par M. Roucher. *Paris, impr. de Quillau*, 1779 ; 2 vol. in-4, bas.   **45 fr.**

5 belles figures par *Cochin, Marillier* et *Moreau*, gravées par *Gaucher, Ponce* et *Simonet*.
Exemplaire de BÉGUILLET.

4220. Rouen pittoresque. 40 dessins par Maxime Lalanne, texte par Allais, Ch. de Beaurepaire, Dubosc, Félix, Hédon, H. de Lapommeraye. *Rouen, Augé*, 1886 ; in-4, en livraisons.   **40 fr.**

Un des 50 exemplaires sur PAPIER DU JAPON, avec les planches en trois états.

4221. Rozier (Victor). Les Bals publics à Paris. *Paris, Gustave Havard*, 1855. — Bouis-bouis, bastringues et caboulots de Paris (par Alfred d'Escudié de la Faille). *Paris, Tralin*, 1861. Ens. en un vol. in-16, demi-rel. chagr. bleu, éb. **5 fr.**

4222. Ruffelet (l'abbé). Annales briochines ou abrégé chronologique de l'histoire ecclésiastique, civile et littéraire du diocèse de Saint-Brieuc. *Saint-Brieuc, Mahé*, 1771 ; in-24, veau.   **6 fr.**

Rare.

4223. Saint-Allais. État actuel de la Noblesse de France. *Paris*, 1816 ; in-16, br.   **5 fr.**

4224. Saint-Hyacinthe (Thémiseul de). Le Chef-d'œuvre d'un inconnu, poème heureusement découvert et mis au jour, avec des remarques savantes et recherchées, par M. le docteur Chrisostome Matanasius. Huitième édition, revue, corrigée, augmentée et diminuée. *Lausanne, Marc Bousquet*, 1754 ; 2 tomes en un vol. in-12, veau, dos orné. **4 fr.**

Portraits et figures.

4225. Saint-Pair (Guillaume de). Le Roman du mont Saint-Michel par Guillaume de Saint-Pair, poète anglo-normand du XIIe siècle, publié pour la première fois par Fran-

Achat de Bibliothèques

cisque Michel. *Caen, typ. Hardel,* 1856 ; in-12, br.   4 fr.

PAPIER DE HOLLANDE.

4226. Saint-Pierre (Bernardin de). Paul et Virginie. Avec notice et notes par M. Anatole France. *Paris, Alph. Lemerre,* 1878 ; in-12, tiré in-8, demi-rel. dos et coins de mar. rouge, tête dor., *non rogné* (*Bretault*).   300 fr.

Un des 50 exemplaires sur PAPIER WHATMAN, illustré dans les marges de 38 aquarelles originales de *Ch. Jouas.*

4227. Saint-Pierre (Bernardin de). Paul et Virginie. Edition augmentée d'un nouveau préambule. *Paris, impr. de Didot l'aîné,* 1806 ; gr. in-4, cart., *non rogné.*   60 fr.

Portrait par *Lafitte* gravé par *Ribault* et 6 figures AVANT LA LETTRE. par *Girard, Girardet, Isabey, Moreau* et *Prud'hon,* gravées par *Bourgeois de la Richardière, Bovinet, Mecou, Pillement, Prot,* et *Roger.*
Bel exemplaire.

4228. Sallengre. L'Éloge de l'Yvresse. Seconde édition, revue et corrigée. *La Haye, Pierre Gosse,* 1715 ; in-12, front., veau.   3 fr.

4229. Saunier (J. de). La Parfaite connaissance des chevaux, leur anatomie, leurs bonnes et mauvaises qualitez, leurs maladies et les remèdes qui y conviennent. *La Haye, Adrien Moetjens,* 1734; in-fol., veau fauve, dos orné (*Rel. anc.*).   50 fr.

Portrait de l'auteur par *Coster* et 61 planches sur cuivre par *Bleyswyck, La Cave,* etc.
Bel exemplaire.

4230. Saunier (Gaspard de). L'Art de la Cavalerie ou la manière de devenir bon écuyer, par des règles aisées et propres à dresser les chevaux à tous les usages que l'utilité et le plaisir de l'homme exigent. *Paris, Jombert,* 1756 ; in-fol., veau.   50 fr.

27 planches sur cuivre.

4231. Sauval. Mémoires historiques et secrets concernant les amours des rois de France, avec quelques autres pièces. *A Paris, vis-à-vis le cheval de bronze (Amsterdam),* 1739 ; pet. in-12, mar. bleu, dos orné, fil., tr. dor. (*Niedrée*). 50 fr.

Ce volume contient en outre : *Réflexions historiques sur la mort de Henri le Grand, le Mal de Naples, son origine, ses progrès,* et *Trésors des rois de France.*

4232. Saxe (La) galante, ou histoire des amours d'Auguste Ier, roi de Pologne (par le baron de Poellnitz). *Amsterdam, aux dépens de la Compagnie,* 1736 ; in-12, veau. 10 fr.

Cet ouvrage a été et est encore recherché pour le célèbre plagiat qu'il renferme, du livre de Mme de Lafayette, la Princesse de Clèves.

4233. Scarron. Œuvres. Nouvelle édition revue, corrigée et augmentée de l'histoire de sa vie et de ses ouvrages, d'un discours sur le style burlesque et de quantité de pièces omises dans les éditions précédentes. *Amsterdam, J. Wetstein,* 1752 ; 7 vol. pet. in-12, portr. et front., veau fauve, dos orné, fil., tr. dor. (*Muller*).   90 fr.

4234. Scarron. LE ROMAN COMIQUE. Nouvelle édition illustrée de trois cent cinquante compositions par Edouard Zier. *Paris, H. Launette,* 1888 ; in-4, mar. rouge, dos orné, encadr. de fil. sur les plats, coins dorés, doubl. et gardes de soie verte, encadr. de fil. avec ornem. dor. à l'int., tr. dor. sur fausses marges, étui (*Canape*).   600 fr.

Exemplaire tiré sur PAPIER DU JAPON pour M. G. Boudet et auquel on a ajouté 9 DESSINS ORIGINAUX d'*Edouard Zier,* ayant servi à l'illustration du livre.

4235. Scott (Walter). Œuvres complètes. *Paris, Ch. Gosselin et Sautelet,* 1826 ; 84 vol. in-12, et atlas, cart., *non rognés.*   150 fr.

Figures de *Desenne* et vignettes de *Tony Johannot.* Très bel exemplaire entièrement NON ROGNÉ.

4236. Séraphin (Feu). Histoire de ce spectacle depuis son origine jusqu'à sa disparition. 1776-1870. *Lyon, Scheuring,* 1875 ; in-8, *broché.*   12 fr.

Portrait et vignettes à l'eau-forte de *Hillemacher.*

4237. Sermons facétieux ou ridicules et anecdotes curieuses sur les prédicateurs. *Paris, Delarue, s. d.* ; in-8, demi-rel. dos et coins de mar. violet, dos orné, tête dor., *non rogné.*   15 fr.

Exemplaire sur PAPIER ROSE.

4238. Sethos, histoire ou vie tirée des monuments, anecdotes de l'ancienne Egypte. Ouvrage dans lequel on trouve la description des initiations aux mystères égyptiens. (Par

Et de Livres anciens et modernes

l'abbé Jean Terrasson). *Paris, Desaint*, 1767 ; 2 vol. in-8, br. 5 fr.

4239. Sevérian (de). Dictionnaire historique, théorique et pratique de Marine. Seconde édition, corrigée et considérablement augmentée. *Paris, Cellot*, 1781 ; 2 vol. in-12, cuir de Russie, fil. à froid, tr. dor.   12 fr.

> Bel exemplaire.

4240. Sévigné (Mme de). Lettres de Madame de Sévigné, de sa famille et de ses amis. Avec portraits, vues et fac-simile. *Paris, Blaise*, 1820 ; 10 vol. in-8, cart., *non rognés*.   35 fr.

4241. Sevigniana ou recueil de pensées ingénieuses, d'anecdotes littéraires, historiques et morales, tirées des lettres de Mme la marquise de Sévigné. *A Grignan*, 1756 ; in-12, cart.   3 fr.

4242. Sextus Empiricus. Les Hipotiposes ou institutions pirroniennes, en trois livres. Traduites du grec (par Huart, de Genève). *S. l. (Amsterdam)*, 1725 ; in-12, portr., veau, dos orné (*Rel. anc.*). 4 fr.

4243. Shakespeare. Roméo et Juliette. Traduction de Daffry de la Monnoye. Illustrations d'Andriolli. Gravures de Huyot. *Paris, Firmin Didot, s. d.* ; grand in-4 carré, mar. rouge, dos orné, 3 fil., tr. dor. sur fausses marges, couv. conserv., étui (*Canape*).   250 fr.

> Exemplaire numéroté sur PAPIER DU JAPON contenant les 10 grandes compositions d'*Andriolli* en double épreuve, sur Japon et sur Chine.

4244. Sicille. Le Blason des Couleurs en armes, livrées et devises, par Sicille, hérault d'Alphonse V, roi d'Aragon. Publié et annoté par Hippolyte Cocheris. *Paris, Aug. Aubry*, 1860 ; in-12, front., cart. toile, *non rogné*.   3 fr.

> Tiré à 350 exemplaires dans la collection du Trésor des pièces rares ou inédites.

4245. Silvestre (Armand). FLORÉAL. Illustrations de Georges Cain. Préface de Jules Claretie. Musique de Jules Massenet. *Paris, Ch. Delagrave, s. d.* ; pet. in-4, mar. vert clair, tiges de boutons d'or avec fleurs en mosaïque de mar. citron et vert foncé, doubl. et gardes de soie brochée, bordure int. de fil. avec coins et ornem. dor., tr. dor. sur fausses marges, étui (*Canape*).   400 fr.

> Edition ornée de 54 héliogravures tirées en teintes variées dans le texte et hors texte, d'après les dessins de *Georges Cain*. Exemplaire numéroté sur PAPIER DU JAPON, contenant une double suite, avant la lettre avec remarque, sur Japon et sur Whatman, des illustrations hors texte.

4246. Silvestre (J.-B.). Paléographie universelle. Collection de facsimile d'écritures de tous les peuples et de tous les temps, tirés des plus authentiques documens de l'art graphique, chartes et manuscrits existant dans les archives et les bibliothèques de France, d'Italie, d'Allemagne et d'Angleterre, publiés d'après les modèles écrits, dessinés et peints sur les lieux mêmes par M. Silvestre et accompagnés d'explications historiques et descriptives par MM. Champollion-Figeac et Aimé Champollion fils. *Paris, typogr. de Firmin Didot frères*, 1839-1840 ; 2 vol. in-fol. ma., pl. color., demi-rel. dos et coins de chagr. rouge, dos orné, tr. dor.   300 fr.

> Les tomes 1 et 2 seulement. Taches de rousseur.

4247. Simonin (Louis). Les Pierres. Esquisses minéralogiques. *Paris, Hachette*, 1869 ; gr. in-8, br.   8 fr.

> 91 figures sur bois, 6 planches en chromolithographie, et 16 cartes en couleur. Publié à 20 francs.

4248. Solvyns. Les Hindous, ou Description de leurs mœurs, costumes et cérémonies, etc., dessinés d'après nature dans le Bengale et représentés en 292 planches, avec le texte en français et en anglais. *Paris, chez l'auteur. Imprimerie de Mame frères*, 1808-1812 ; 4 vol. in-fol., demi-rel. veau, *non rognés*.   200 fr.

> Figures coloriées. — Reliure fatiguée.

4249. Somaize. Le Grand Dictionnaire des Prétieuses, historique, poétique, géographique, cronologique et armoirique ; où l'on verra leur Antiquité, Coustumes, Devises, Eloges, Etudes, Guerres, Hérésies, Jeux, Lois, Langage, Mœurs, Mariage, Noblesse, par le sieur de Somaize. *Paris, Jean*

Ribou, 1661 ; 3 part. en un vol. in-12, demi-rel. veau, tr. rouge 20 fr.

La 3ᵉ partie donne la clef des Précieuses.

4250. Sonnet (Thomas). Satyre contre les charlatans, et pseudo-médecins empyriques, en laquelle sont amplement descouvertes les ruses et tromperies de tous theriacleurs, alchimistes, chimistes, paracelsistes, distillateurs, extracteurs de quintescences, fondeurs d'or potable, maistres de l'elixir et telle pernicieuse engeance d'imposteurs. *Paris, J. Milot*, 1610 ; pet. in-8, vélin. 60 fr.

Edition rare à rencontrer avec le beau portrait de l'auteur, gravé par *Léonard Gaultier*.

4251. Spallart (Robert de). Tableau historique des costumes, des mœurs et des usages des principaux peuples de l'antiquité et du moyen âge (trad. de l'allemand par L. de Jaubert et M. Breton). *Paris, Renouard*, 1804-1809 ; 7 vol. in-8, fig. et 2 atlas in-fol. oblong, veau marbré et sablé d'or, dos orné, dent., tr. jasp. 100 fr.

Exemplaire avec les figures finement coloriées. Les 2 vol. d'atlas en demi-rel.

4252. Sterne (L.). VOYAGE SENTIMENTAL en France et en Italie. Traduction nouvelle et notice de M. Emile Blémont. Illustrations de Maurice Leloir, comprenant 220 dessins dans le texte et 12 grandes compositions hors texte. *Paris, H. Launette*, 1884 ; gr. in-4, mar. orange, dos orné, comp. de fil. avec coins dorés sur les plats, doubl. et gardes de soie brochée, tr. dor. sur fausses marges, couv. conserv., étui. (*Canape*) 450 fr.

Un des 100 exemplaires numérotés sur PAPIER DU JAPON, contenant les gravures hors texte avant la lettre en double épreuve : en noir et en bistre. De plus, le faux-titre est orné d'une JOLIE AQUARELLE ORIGINALE de *Maurice Leloir*.

4253. Stendhal. (Henri Beyle). La Chartreuse de Parme. Réimpression textuelle de l'édition originale, illustrée de 32 eaux-fortes, par V. Foulquier. Préface de Fr. Sarcey. *Paris, Conquet*, 1883 ; 2 vol. gr. in-8, demi-rel. dos et coins de mar. vert, tête dor., *non rognés*. 175 fr.

4254. Stendhal. Le Rouge et le Noir, par M. de Stendhal (Henri Beyle). Réimpression textuelle de l'édition originale, illustrée de 80 eaux-fortes par H. Dubouchet. Préface de Léon Chapron. *Paris, Conquet*, 1884 ; 3 vol. in-8, br., couv. 300 fr.

L'un des 150 exemplaires sur PAPIER DU JAPON (n° 137), auquel on a joint le prospectus de la publication.

4255. Strabon. Géographie de Strabon, traduite du grec en français (par de La Porte du Theil, Coray et Letronne.) *Paris, imp. impériale*, 1805-1819 ; 5 vol. gr. in-4, cartes, veau gaufré. 75 fr.

Ces cinq volumes renferment le Strabon en entier.

4256. Straparole. Les Facetieuses Nuicts du seigneur Straparole (traduites par J. Louveau, revues par P. de Larivey). *S. l. (Paris, Guérin)*, 1726 ; 2 vol. in-12, veau. 50 fr.

Belle édition publiée par Bernard de La Monnoye.

4257. Strozzi. La Venetia edificata, poema eroico di Giulio de Strozzi, con gli argomenti del sig. Francesco Cortesi. *In Venetia, appresso Girolamo Piuti*, 1626 ; petit in-12, vélin, fil., tr. dor. 5 fr.

Figures en taille-douce.

4258. Sully (duc de). Mémoires. Mis en ordre avec des remarques par M. L. D. L. (l'abbé de L'Ecluse). *Londres, (Paris)*, 1747; 3 vol. in-4, veau fauve. 25 fr.

4259. Swift. Voyages de Gulliver, traduction nouvelle et complète par B.-H. Gausseron, illustrations de V.-A. Poirson. *Paris, Quantin, s. d.* (1883) ; gr. in-8, demi-rel. dos et coins de mar. rouge, dos orné, tête dor., *non rogné* (*Champs*). 50 fr.

L'un des 100 exemplaires tirés sur PAPIER DU JAPON. Très jolies illustrations en couleurs.

4260. — Le même. *Paris. Quantin* (1883) ; in-8, cart., tête dor., *non rogné*. 10 fr.

Illustrations en couleurs de *Poirson*.

4261. Swinden. Recherches sur la nature du feu de l'Enfer et du lieu où il est situé. Traduit de l'anglois par M. Bion. *Amsterdam*, 1757 ; pet. in-8, veau. 7 fr.

2 planches en taille-douce.

Et de Livres anciens et modernes

4262. **Testament** (Nouveau) de Notre-Seigneur Jésus-Christ, traduit en français par M. Le Maistre de Sacy. Nouvelle édition ornée de 96 figures gravées d'après les dessins de MM. Marillier et Monsiau. *Paris, Gay, Ponce, Belin, an XIII;* 3 vol. in-4, fig., cart., *non rognés.*   135 fr.

Exemplaire en PAPIER VÉLIN avec les figures AVANT LA LETTRE, provenant de la bibliothèque GÉNARD.

4263. **Théâtre** d'histoire, où, avec les grand's prouesses et aventures étranges du noble et vertueux chevalier Polimantes, prince d'Arfine, se represente au vrai, plusieurs occurences fort rares et merveilleuses... Œuvre non moins plaisante et qu'agréable, qu'utile (par Philippe de Belleville). *Bruxelles, Rutger Velpius,* 1613 ; in-4, fig., mar. bleu, dos orné, double rangée de fil.   100 fr.

Curieux roman historique, illustré dans le texte de 57 figures fort bien gravées sur cuivre. L'auteur, d'origine belge, a signé la dédicace.

4264. **Théâtre** d'un poète de Sybaris; traduit pour la première fois du grec avec des commentaires, des variantes et des notes. (Ouvrage composé par Delisle de Sales). *A Sybaris (Orléans) et Paris,* 1788 ; 3 tomes en 2 vol. pet. in-12, veau.   15 fr.

4265. **Théophile de Viau.** Le Parnasse satirique, avec le recueil des plus excellens vers satyriques de ce temps. Nouvelle édition complète, revue et corrigée, avec glossaire, notices biographiques. *Gand, Duquesne, et Paris, Claudin,* 1861 ; 2 vol. in-12, demi-rel. veau fauve, tête dor., *non rognés.*   40 fr.

PAPIER VERGÉ. Édition tirée à très petit nombre.

4266. **Theuriet** (André). Nos OISEAUX. Aquarelles de Hector Giacomelli. *Paris, H. Launette,* 1886 ; in-4, mar. bleu foncé, dos orné, encadr. de fil. droits et courbés, doublé de mar. bleu, grande composition en mosaïque à l'intérieur du premier plat représentant sur une branche de cerisier avec fruits, un chardonneret guettant un papillon; hirondelle en mosaïque à l'intér. du second plat, gardes de soie brochée, tr. dor. sur fausses marges, couv. cons., étui (*Canape*). 2000 fr.

Exemplaire tiré sur papier du Japon, contenant un tirage à part en bistre, sur Japon, de toutes les illustrations. Le faux-titre est orné d'une superbe AQUARELLE ORIGINALE de *H. Giacomelli*, l'illustrateur du livre.

4267. **Thibault.** Académie de l'Espée de Girard Thibault d'Anvers, où se demonstrent par reigles mathematiques sur le fondement d'un cercle mysterieux, la theorie et pratique des vrais et jusqu'à incognus secrets du maniement des armes à pied et à cheval. *Leyde, Elzevier,* 1628 ; in-fol., demi-rel. bas.   200 fr.

Exemplaire renfermant les 57 planches seules, gravées par *Crispin de Pas, Bolwert, Matham,* etc., de ce livre le mieux illustré qui ait jamais été publié sur l'escrime.

4268. **Thiers** (A.). Histoire de la Révolution française. Treizième édition. *Paris, Furne,* 1854 ; 10 vol. in-8, demi-rel. chagr. noir, tr. jasp.   30 fr.

Portraits et vignettes sur acier.

4269. **Thompson.** Les Saisons, poème traduit de l'anglais. *S. l. n. d.* (*Paris, Cazin*); in-18, veau, tr. dor.   5 fr.

Frontispice et 4 figures.

4270. **Thoumas** (Général). Les Anciennes Armées françaises. *Paris, Launette,* 1890 ; 2 vol. pet. in-fol., *en feuilles* dans 8 cartons. 200 fr.

Un des 15 exemplaires sur PAPIER DU JAPON, orné de la double suite, dans le texte et en tirage à part, de très belles planches reproduisant les objets historiques et autres des salles d'exposition du ministère de la guerre en 1889. Splendide publication éditée à 500 fr.

4271. **Tiphaine,** avec une préface par Alexandre Dumas fils. *Paris, Calmann Lévy,* 1880; in-12, demi-rel. mar. bleu, tête dor., *non rogné* (*Champs*)   100 fr.

L'un des 35 exemplaires sur PAPIER WHATMAN (n° 13), illustré de 13 aquarelles et dessins originaux de *H. Toussaint.*

4272. **Toelken** (E.-H.). Erklarendes Verzeichnifs der antiken vertieft geschnittenen Stein der Koniglich Preussischen Gemmensammlung. *Berlin,* 1835 ; in-8, mar. violet, dos orné, fil., milieux, tr. dor. 40 fr.

Catalogue des gemmes du musée de Berlin, dans une jolie reliure.

Achat de Bibliothèques

4273. Tour du Monde (le). Journal des voyages. *Paris, Hachette,* 1860-1884 ; 48 vol. in-4, fig., demirel. chagr. vert.   180 fr.

> Collection complète depuis l'origine jusqu'en 1884. Bel exemplaire.

4274. Travaux Publics (les) de la France, par MM. les ingénieurs des Ponts-et-Chaussées : F. Lucas, Ed. Collignon, H. de Lagrené, Voisin Bey, E. Allard. Ouvrage publié sous les auspices du ministère des Travaux publics et sous la direciion de M. Léonce Reynaud. *Paris, Rothschild,* 1876-1883 ; 5 vol. in-fol. *en feuilles.*   250 fr.

> Ouvrage complet contenant : Routes et ponts : — Chemins de fer. — Rivières et canaux. — Ports de mer. — Phares et balises. 250 planches photographiées et 5 cartes en chromolithographie.

4275. Trésor de numismatique et de glyptique, ou recueil général de médailles, monnaies, pierres gravées, bas-relief, etc., tant anciens que modernes, les plus intéressants sous le rapport de l'art et de l'histoire, gravés par les procédés d'Ach. Collas, sous la direction de P. Delaroche, Henriquel Dupont et Ch. Lenormant. *Paris,* 1858 ; 19 vol. in-fol., cart., *non rognés.*   500 fr.

> Bel exemplaire bien complet, contenant 1020 planches.

4276. Thrésor (le) Santé, ou Mesnage de vie humaine. Divisé en dix livres. Lesquels traictent amplement de toutes sortes de viandes et beuvrages, ensemble leur qualité et préparation. Œuvre autant curieuse et recherchée qu'utile nécessaire. Faict par un des plus célèbres et fameux médecins de ce siècle. *Lyon, J.-A. Huguetan,* 1607 ; in-8, vélin. 60 fr.

> Rare ouvrage imprimé à Lyon par Antoine Servain, dont l'auteur est jusqu'à présent resté inconnu et dans lequel on trouve les recettes culinaires en usage au temps de Henri IV.
>
> Remarquons qu'un 13ᵉ feuillet que n'a pas cité M. G. Vicaire dans sa « Bibliographie gastronomique » termine le volume et donne le nom de l'imprimeur.

4277. Tressan. Histoire de Gérard de Nevers et de la belle Euriant. sa mie. *Paris, de l'impr. de Didot jeune,* 1792 ; pet. in-12, fig., mar. vert, dent., doublé de tabis, tr. dor. (*Rel. anc.*).   300 fr.

> Exemplaire tiré sur PAPIER VÉLIN, contenant 4 figures dessinées par *Moreau,*

gravées par *Dupréel, de Ghendt, Malbeste* et *Simonet,* épreuves AVANT LA LETTRE.

4278. Tressan. Histoire de Gérard de Nevers et de la belle Euriant sa mie. *Paris, impr. de Didot jeune,* 1792 ; pet. in-12, veau racine, dos orné, dent., tr. d. (*Rel. anc.*) 20 fr.

> 4 figures de *Moreau,* gravées par *Dupréel, de Ghendt, Malbeste* et *Simonet.* Exemplaire tiré sur PAPIER VÉLIN.

4279. Tressan. Histoire du petit Jehan de Saintré et de la Dame des Belles-Cousines, extraite de la vieille chronique de ce nom. *A Paris, de l'impr. de Didot jeune,* 1791 ; pet. in-12, fig., mar. vert, dent., doublé de tabis, tr. dor. (*Rel. anc.*).   300 fr.

> Exemplaire tiré sur PAPIER VÉLIN contenant 4 figures dessinées par *Moreau,* gravées par *Dambrun, Halbou* et *de Longueil,* épreuves AVANT LA LETTRE.

4280. Tressan. La Mythologie comparée avec l'histoire. *Paris, Dufour,* 1813 ; 2 vol. in-12, pl., br.   5 fr.

4281. Triomfe (Le) de l'Amour sur le Destin (par S. Bremond). *Amsterdam, Abr. Wolfgang,* 1677 ; pet. in-12, veau fauve, dos orné, dent. à froid et fil.   10 fr.

> Haut. : 127 mill.

4282. Vachon (Marius). La Femme dans l'Art. Les Protectrices des arts, les femmes artistes. *Paris, Rouam,* 1893 ; in-4, br.   12 fr.

> 400 gravures.

4283. Vallée (Geoffroy). La Beatitude des Chrestiens, ou le fleo de la foy. *Paris et Bruxelles,* 1867 ; in-12, br.   3 fr.

> Réimpression à 118 exemplaires sur papier vergé, sur l'exemplaire unique de la bibliothèque Méjanes.

4284. Van Dyck. Eaux-fortes de Ant. Van Dyck. Texte par G. Duplessis. *Paris, s. d. ;* in-fol., demirel. dos et coins de mar. rouge, tête dor., *non rogné.*   40 fr.

> 21 planches.

4285. Vasse (Emmanuel). Le Légat de la Vache à Colas de Sedege, complainte huguenote du XVIᵉ siècle. Précédée d'une introduction et accompagnée d'une glose d'Orléans, par Emmanuel Vasse (de Crète). *Paris, Académie des Bibliophiles,* in-12, br.   4 fr.

> PAPIER VERGÉ.

Et de Livres anciens et modernes

4286. Verlaine (Paul). Bonheur. *Paris, Léon Vanier*, 1891 ; in-12, br.   6 fr.

ÉDITION ORIGINALE.

4287. Verlaine (Paul). Poèmes saturniens. *Paris, Léon Vanier*, 1890; br., couv.   6 fr.

ÉDITION ORIGINALE.

4288. Vermersch (Eug.). Les Printemps du cœur. *Paris, Sausset*, 1865 ; in-12, br., couv.   2 fr.

4289. Vernes fils. Le Voyageur sentimental, ou ma promenade à Yverdun. *Londres (Cazin)*, 1786 ; in-18, veau, tr. dor.   4 fr.

Joli frontispice de *Le Barbier*, gravé par *Delvaux*.

4290. Vernet (Joseph) et **Hue**. Les Ports de France peints par Joseph Vernet et Hue ; dont les tableaux enrichissent la galerie du Sénat, conservateur au Luxembourg. Accompagnés de notes historiques et statistiques sur chacune des villes où ils se trouvent situés. *Paris*, 1812 ; in-4, br.   40 fr.

Portraits de J. Vernet et de Hue et 24 belles planches gravées en taille-douce. Les notices ont été rédigées par Aug.-Mar. Miger.

4291. Vernon Gallery (the) of British Art. Edited by S. C. Hall. *London, G. Virtue*, 1850-1854 ; 4 vol. in-4, demi-rel. dos et coins de mar. rouge, plats toile, tr. dor. (*Rel. angl.*).   150 fr.

152 planches gravées sur acier, reproduisant les tableaux de cette célèbre collection.
Bel exemplaire.

4292. Versailles. Les Plans, profils et élévations des Villes et Château de Versailles, avec les bosquets et fontaines, tels qu'ils sont à présent ; levez sur les lieux, dessinez et gravez en 1714 et 1715. *A Paris, chez Demortain, s. d.*; in-fol., veau (*Rel. anc.*)   250 fr.

Titre, privilège et 49 planches ou plans du château, du parc et de la ville de Versailles, de Trianon et de Marly, gravés par *Bacquoy, Fonbone, Menant* et *Scotin*.

4293. Vertot (Abbé de). Histoire critique de l'établissement des Bretons dans les Gaules. *Paris, Fr. Barois*, 1720 ; 2 vol. in-12, veau. 5 fr.

4294. Vertot (l'abbé de). Histoire des Chevaliers hospitaliers de S. Jean de Jérusalem appellez depuis les chevaliers de Rhodes, et aujourd'hui les chevaliers de Malte. *Paris, Desaint*, 1726 ; 4 vol. in-4, veau.   50 fr.

Nombreux portraits avec armoiries, gravés par *Cars*.

4295. Vertot (abbé de). Origine de la grandeur de la cour de Rome et de la nomination aux évêchés et aux abbaïes de France. *La Haye, J. Neaulme*, 1737 ; in-12, veau. 3 fr.

4296. Vertot (abbé de). Traité historique de la mouvance de la Bretagne, dans lequel on justifie que cette province, dès le commencement de la monarchie, a toujours relevé la couronne de France (par l'abbé Aubert de Vertot). *Paris, Cot*, 1710 ; in-12, veau.   4 fr.

4297. Veuillot (Louis). L'Esclave Vindex. Nouvelle édition. *Paris, Gaume*, 1862 ; in-18, br.   2 fr.

4298. Via crucis ou les 14 stations représentant le Chemin de la Croix avec les pratiques de cette dévotion. *Paris, Pierron*, 1813 ; in-4, br.   15 fr.

16 gravures en taille-douce par *Pierron*.

4299. Viani (le P.). Istoria delle cose operate della China da Monsign. Gio. Ambrogio Mezzabarda. *Parigi, Briasson, s. d.* (1740); in-8, cart., *non rogné*.   4 fr.

4300. Vie (La) du pape Clément XIV (Ganganelli). (Par le marquis de Caraccioli). *Paris, Vve Desaint*, 1776 ; in-12, port., veau.   4 fr.

4301. Vie politique, civile, militaire et privée de M. Mayeux. *Paris, Levoux* (1831) ; in-16, br.   3 fr.

Frontispice en couleur.

4302. Villedeuil (Comte de). Paris à l'envers. *Paris, libr. nouvelle*, 1853 ; in-12, br.   4 fr.

4303. Villedieu (Mme de). Les Exilez. Nouvelle édition. *Paris, Vve Michel Brunet*, 1701 ; 2 tomes en un vol. in-12, veau.   5 fr.

4304. Virgile. Les Géorgiques, traduction nouvelle en vers françois, enrichies de notes et de figures par M. Delille. *Paris, Bleuet*, 1770 ;

in-8, veau, dos orné, fil., tr. dor.
(*Rel. anc.*).   20 fr.

Bel exemplaire sur PAPIER DE HOL-
LANDE, contenant un frontispice par *Casa-
nova* et 4 figures par *Eisen*, gravés par
de Longueil.

4305. Virgile. Œuvres, traduites en
françois, le texte vis-à-vis la traduction avec des remarques par M.
l'abbé Desfontaines. Nouvelle édition. *Paris, impr. de P. Plassan*,
1796 ; 4 vol. in-4, cart., *non rognés.*   275 fr.

Exemplaire en GRAND PAPIER VÉLIN
avec la suite des figures de *Moreau* et de
Zocchi AVANT LA LETTRE.

06. Virmaitre (Ch.). Les Vir-
tuoses du trottoir. *Paris, Lebigre-
Duquesne*, 1868 ; in-18, br. 2 fr.

4307. Visconti et **Mongez.** Ico-
nographie ancienne, grecque ou
romaine, ou recueil des portraits
authentiques des empereurs, rois
et hommes illustres de l'antiquité.
Paris, P. Didot l'aîné, 1808-1833 ;
7 vol. in-fol., mar. rouge, dos orné,
tr. dor., (*Gruel*).   300 fr.

129 planches gravées. Bel exemplaire.

4308. Visconti et **Mongez.** Icono-
graphie ancienne, grecque et romaine, ou Recueil des portraits
authentiques des empereurs, rois
et hommes illustres de l'antiquité.
Paris, P. Didot l'aîné, 1808-
1833 ; 7 vol. in-fol., demi-rel. mar.
brun, tr. jas.   200 fr.

129 planches gravées. Bel exemplaire.

4309. Vitta (Emile). Farandole de
Pierrots. Poésies d'Emile Vitta. Il-
lustrations de Willette. *Paris, Léon
Vanier*, 1890 ; in-8, cart. 70 fr.

PAPIER DU JAPON avec une double suite
des illustrations tirées sur Chine. Exemplaire offert par l'éditeur à son confrère
CONQUET.

4310. Vocabulaire nouveau ou dialogues français et bretons. (Par
l'abbé J. Guillome). *Vannes, Galles*,
1846 ; in-12, cart.,   3 fr.

4311. Vogüé (Vicomte Eug. de).
Histoires d'hiver, 1 front. et 10 vignettes gravées par A. Nargeot
d'après Sta et Martin. *Paris, Cal-
mann-Lévy*, 1885 ; in-12 carré,
demi-rel. dos et coins de mar.
rouge, dos orné, mosaïque mar.
vert, fil., tête dor., *non rogné*,
couv. (*Bretault*)   180 fr.

L'un des 20 exemplaires tirés sur PA-

PIER DU JAPON contenant les gravures en
2 états dont l'eau-forte pure, et enrichi de
24 AQUARELLES ORIGINALES, de *H. de Sta.*

4312. Voisenon. Anecdotes littéraires, publiées par le bibliophile
Jacob. Eau-forte de Lalauze. *Paris,
libr. des Bibliophiles*, 1880 ; in-12,
br.   5 fr.

PAPIER VERGÉ. Frontispice par *Lalauze.*

4313. Voisenon. Exercices de dévotion de Henri Roch avec Mme la
duchesse de Condor, par feu M.
l'abbé de Voisenon, de joyeuse
mémoire, et de son vivant membre
de l'Académie françoise. *A Vau-
cluse*, 1788 ; pet. in-12, mar. bleu,
dos orné, fil., tr. dor. (*Cuzin*). 45 fr.

Entretiens d'une espèce de Tartufe te-
nant compagnie à une jeune duchesse ma-
riée à un vieil époux. La préface, écrite
par Querlon, donne de curieux détails sur
Voisenon ; elle est accompagnée de notes.
L'ouvrage est fort rare, les exemplaires
ayant été saisis par la police.
Quoique portant le nom de Voisenon, ce
livre paraît devoir être attribué à Meunier
Querlon.
Les figures annoncées sur le titre manquent.

4314. Voiture. Les Œuvres de M.
de Voiture. Septième édition revue,
corrigée et augmentée. *Paris, L.
Billaine*, 1665 ; 2 parties en un
vol. in-12, veau.   10 fr.

4315. Voltaire. Contes et poésies
diverses. *Londres (Cazin)*, 1780 ;
in-18, veau, tr. dor.   3 fr.

4316. Voltaire. Épitres, stances et
odes. *Paris, De Bure*, 1823 ; 2 vol.
in-16, cart., *non rognés.*   7 fr.

Jolie petite édition imprimée par Firmin-Didot, sur papier vélin.— Le carton-
nage porte l'étiquette de *Bradel.*

4317. Voltaire. La Henriade, poëme,
orné de dessins lithographiques.
Paris, Dubois, 1825 ; in-fol., veau
bleu, dos orné, dent., milieux et
comp. à froid, éb., *non rogné*
(*Charon*).   200 fr.

Frontispice et grand cul-de-lampe par
Girardet, 18 figures sur *Chine* par *Horace
Vernet* et 69 portraits historiques par
Mauzaisse.
Magnifique exemplaire dans une reliure
du temps de la publication du livre.

4318. Voltaire. La Henriade. *Paris,
Lefèvre*, 1834 ; in-8, portr. et fig.,
mar. rouge, dos orné, fil., tr. dor.
(*R. Petit*).   80 fr.

Figures de *Moreau le jeune.* Exemplaire sur GRAND PAPIER VÉLIN.

Et de Livres anciens et modernes

 LIBRAIRIE DE TH. BELIN

4319. Voltaire. Poèmes, épitres et autres poésies. *Londres (Cazin),* 1779 ; in-18, portr., veau, tr. dor. 4 fr.

4320. Voyage littéraire de Provence, contenant tout ce qui peut donner une idée de l'état ancien et moderne des villes, les curiosités qu'elles renferment, par M. P. D. L. (l'abbé Papon de l'Oratoire). *Paris, Barrois,* 1780 ; in-12, veau fauve, dos orné, fil., tr. dor. (*Rel. anc.*). 7 fr.

Ouvrage précieux donnant les objets de curiosité conservés en Provence.

4321. Voyage autour du Pont-Neuf, contenant la statistique de ce pont ; les affiches, le libraire, les grisettes, le commissaire de police, le sieur Miet, les tondeurs de chiens. Suivi d'une promenade sur le quai aux fleurs (par Aug. Imbert). Deuxième édition. *Paris, Aug. Imbert,* 1825 ; in-16, front., br. 3 fr.

4322. Voyages en France et autres pays, par Racine, La Fontaine, Regnard, Chapelle et Bachaumont, Hamilton, Voltaire, Piron, Gresset, Fléchier, Marmontel, Lefranc de Pompignan, Bertin, Desmahis, Bérenger, Bret, B. de S.-Pierre, Parny, Boufflers. *Paris, J. Chaumerot,* 1808 ; 5 vol. in-12, cart., *non rognés.* 25 fr.

PAPIER VÉLIN. Jolies figures par *Monnet, Duplessi-Bertaux, Lebrun, Fragonard fils, Lemire et Marillier.*

4323. Voyages en France, de Chapelle et Bachaumont, Piron, Lafontaine, Regnard, Lefranc de Pompignan, Fléchier, Gresset, Bertin, Desmahis, Bérenger, Bret, et autres. *Paris, J. Chaumerot,* 1808 ; 5 vol. in-12, fig., cart., *non rog.* 15 fr.

Édition illustrée de jolies figures en taille-douce. Les titres diffèrent de ceux de l'édition ci-dessus portant la même date.

4324. Voyages et aventures des Emigrés français, depuis le 14 juillet 1789 jusqu'à l'an VII, époque de leur expulsion par différentes puissances de l'Europe. Par L. M. H. *Paris, Prudhomme, an VII* (1799); 2 vol. in-8, cart. toile, *non rognés.* 10 fr.

Relation curieuse pour l'histoire de l'émigration.

Ouvrage illustré de 4 gravures et de 6 cartes.

4325. Vues de Chine. Album de 36 dessins exécutés à la plume et à l'encre de Chine, rehaussés de couleurs ; in-4 oblong, mar. vert, dos orné, fil., tr. dor. (*Rel. anc.*) 600 fr.

Aux armes mosaïquées de MACHAULT D'ARNOUVILLE, garde des sceaux et contrôleur général des finances.

4326. Wallon (J.). Le Testament de Richelieu. *Paris,* 1866 ; in-16, br. 2 fr. 50

PAPIER VERGÉ.

4327. Watelet L'Art de peindre, poëme. Avec des réflexions sur les différentes parties de la peinture. *Paris, impr. Guérin et Delatour,* 1760 ; pet. in-8, veau marbr., dos orne (*Rel. anc.*). 10 fr.

Frontispice, en-têtes et culs-de-lampe dessinés par *Pierre* et gravés par *Watelet et Marguerite Lecomte.*

4328. Whymper (Frédérick). Voyages et aventures dans l'Alaska (ancienne Amérique russe). Ouvrage traduit de l'anglais par Emile Jonveaux. *Paris, Hachette,* 1871; in-8, demi-rel. chagr. rouge, plats toile, tr. dor. 4 fr.

37 gravures sur bois et une carte.

4329. Withe (lieut. George Francis). Wiews in India, chiefly among the Himalaya mountains. Edited by Emma Roberts. *London, Fisher, s. d. (vers 1830)* ; in-4, mar. brun, comp. à froid, tr. dor. 20 fr.

37 jolies planches gravées sur acier.

4330. Woestyn (Eugène). Guerre d'Orient. Les Victoires et conquêtes des armées alliées. *Paris,* 1856 ; 2 tomes en 1 vol. in-4, demi-rel. chagr. violet, dos orné. 7 fr.

Figures sur bois.

4331. Wolff (L'Intendant-Général). Mes Souvenirs militaires. Ecole polytechnique. — Ecole de Metz. — Au régiment. — En Algérie.— Les deux expéditions de Constantine.— Expédition du Mexique. *Paris, 1886* ; in-8, portr., d.-rel. chagr. vert. 5 fr.

Le Propriétaire-Gérant : THÉOPHILE BELIN.

CHATEAUDUN. — Imprimerie de la Société Typographique (Téléphone).